Willkommen in Berlin

Die Hauptstadt zum Ein- und Abgewöhnen

Herausgegeben von
Margarethe Syring
Illustriert von
Barbara Henniger

Eulenspiegel Verlag

Inhaltsverzeichnis

Berlin – ekelhafte Stadt!
Kein Mensch glaubt einem etwas!
Cagliostro

Willkommensgruß

Sie waren alle hier: Lessing, Schiller, Goethe, Heine, Leibniz, Hegel, Marx, Einstein, Meitner, Planck, Hinz und Kunz. Und sie sind alle wieder weggefahren. Voller Begeisterung die einen, tief enttäuscht die anderen. Je nach Temperament verärgert oder belustigt, schockiert oder voller schwelgerischer Erinnerung. Gelangweilt indes hat sich in Berlin niemand. Schon Herr von Goethe wußte, daß man mit Delikatesse hier nicht weit kommt. Was man in der Stadt braucht, ist eine gehörige Portion verbales Durchsetzungsvermögen, das mit einer möglichst raschen Auffassungsgabe und treffender Schlagfertigkeit verbunden sein sollte. Zuviel Esprit könnte schaden, weil: es verpufft. Die geistreiche Arabeske, die sich kunstvoll um ein Problem windet, mag eine sensible Unterhaltung bei Kerzenschein beleben; um in Berlin auf der Straße, »inne Kneipe« oder in manchen Geschäften »auf dem qui vive« zu sein, bedarf es scharfer Zungensäbel, nicht des feinen ironischen Floretts. Sie haben gewonnen, wenn Sie dem Berliner mit gleicher Münze heimzahlen, was des Berliners ist: Uns kann keena ...
Der Berliner pflegt einen Sprachwitz, der die Dinge ziemlich direkt beim Namen nennt. Sehr oft ist er wortschöpferisch originell, manchmal aber auch so, »dette mit de Forke unta die Achsel nachjlibbern

mußt«. Aber wo gibt es das nicht. Gerade im Lachen, im schlagfertigen Witz, in der Bildhaftigkeit zeigt sich »det Berlinische« ganz authentisch. Es ist dies eine unnachahmliche Mischung aus Dorf und Stadt, aus Scholle und Chapeau, aus Sentimentalität und Chuzpe. Letzteres ein jüdisches Erbteil, das über ein halbes Jahrtausend, vor allem jedoch während der eigentlichen »Stadtwerdung« in der zweiten Hälfte des letzten Jahrhunderts, die urbane Subversivität des Berliners intellektuell geprägt hat. Diese geistige Haltung hat 1933 ein abruptes und mörderisches Ende erfahren.
Berlin ist eine junge Hauptstadt. Die verträumte und – im wahrsten Sinne – etwas sumpfige Residenz der Kurfürsten wurde unter Friedrich I. Königsstadt und versuchte es in puncto Weltläufigkeit und Architektur Paris, Wien und London gleichzutun. Eine Großstadt wurde Berlin mit atemberaubender Konsequenz erst nach 1871. Bismarck, dem die einen die Reichseinigung danken, die anderen vorwerfen, hat für die Prosperität der Stadt mindestens genausoviel getan wie für die des Reiches. Sein kurzer Aufenthalt in Paris hat ihn von einem Berlin träumen lassen, das die natürlichen landschaftlichen Ressourcen seiner Umgebung auch ästhetisch zu nutzen versteht. Der Grune-wald sollte mit dem Bois de Boulogne konkurrieren können. Obwohl böse Zungen meinen, außer der Verbreiterung des Kurfürstendamms habe er nichts Bleibendes hinterlassen, hat er mit der Phantasie des Realisten erkannt, was Berlin anderen europäischen Hauptstädten voraus hatte: die geopolitische und die geographische Lage. Ersteres gewinnt seit 1989 wieder zunehmend an Bedeutung; letzteres meint eine – wenn auch für manche etwas herbe – Landschaft, deren wohltuende Weitläufigkeit im Laufe der Jahre eine ideale Kompensation gegen die Hektik der Großstadt geworden ist.
Berlin ist nicht die Hauptstadt der Kultur wie Paris, nicht so vital und tolerant wie London, nicht so crazy wie New York, nicht so geschichtsträchtig wie Prag und auch nicht so fiakerhaft gemütlich wie Wien. Und im landläufigen Sinne ist es auch keine schöne Stadt, nicht zu vergleichen mit Florenz, Barcelona, Budapest. Dafür trägt es

seine Schlampigkeit mit unnachahmlicher Würde. Ohne sich ihrer zu schämen oder sie gar zu bemänteln. »Wenn Berlin Berje hätte, wärn 'se höher!« ist das schöne sprachliche Äquivalent dieser Haltung. Was Berlin interessant macht, ist die Summe seiner Widersprüche, die eine andere Stadt krank machen würden. Hier nimmt man sie mit einem mehr oder weniger resignativen »So is det nu mal ...« zur Kenntnis und wurschtelt eben »wie jehabt« weiter.

Das ist nicht erst seit heute so. Zwar hat sich der Fortschritt (wie man so schön sagt) auch der großen Stadt Berlin unaufhaltsam bemächtigt (und dabei manch seltsame Blüte getrieben), doch die Probleme unterscheiden sich eigentlich nicht so sehr von denen, wie sie einst ein Adolf Glaßbrenner, David Kalisch, Theodor Fontane, Georg Hermann oder Kurt Tucholsky empfunden haben. Aus all diesen hier versammelten Texten spricht eine merkwürdige Haßliebe zu der Stadt, die bei aller Kritik immer auch Sympathie und bei aller Sympathie genausoviel Kritik äußert. Wahrscheinlich ist es hierbei nicht anders als gemeinhin im Leben: Erst wenn man etwas verloren hat, weiß man, was man hatte. Und die eifrigsten Berlin-Befürworter sind allemal diejenigen, die gerade mal nicht in Berlin wohnen, sich aber ihr unverwechselbares und für sie stimmiges Bild der Stadt bewahrt haben.

Dieses Buch will kein Reiseführer sein. Dafür gibt es gerade in Berlin Literatur genug, vom Museums- bis zum Biergartenführer. Uns ging es darum, etwas vom ewigen Charakter, dem »Geist« dieser Stadt, kurz: von der unverwechselbaren »Berliner Luft« einzufangen und sie Gästen und Neubewohnern der Stadt zu vermitteln. Ein Geist, der stets das Gute will ... Und so bleibt es nicht aus, daß der Leser völlig zu Recht den Eindruck gewinnt, daß hier »etwas gegen den Strich gebürstet« wird. Eigentlich soll dieses Buch nur eines bewirken: Verständnis dafür, daß in Berlin eben alles anders ist, als es ist. In diesem Sinne: Willkommen in Berlin!

August 1998 *Margarethe Syring*

»Eine Großstadt?« sagte meine greise Freundin Lisa, als sie aus Paris zurückkam, »eine Großstadt? Kinder, auf dem Potsdamer Platz gackern ja die Hühner!«
Kurt Tucholsky

Ein paar Tips für den Neuankömmling

Kommen Sie nach Berlin, wenn Sie wollen, nicht, wenn Sie müssen. Läßt sich letzteres partout nicht umgehen, achten Sie darauf, daß Fahrpläne von Bus und Bahn erst vier Wochen Probezeit hinter sich haben. Solange braucht es, bis dann wieder alles beim alten ist. Taxis finden Sie natürlich in Berlin genug, und zu den Berliner Taxifahrern gibt es nur zwei empirisch gefestigte und landläufig herrschende Meinungen: Die einen sagen so, die anderen so ... Notfalls können Sie in der Innenstadt zu Fuß gehen – mitunter sind Sie dabei sogar schneller. Eine besondere Art des Zufußgehens ist in Berlin – schon wegen der literarischen Reminiszenzen – das Flanieren. Dabei können Sie sich in aller Ruhe die Baustellen anschauen. Früher kam man nach Berlin, um sich die Mauer anzugucken (wenigstens von einer Seite, wobei sich der Begriff Flanieren allerdings von selbst verbot), heute sind die Baustellen die größte Attraktion. Die Kräne mögen dabei so etwas wie moderne Markierungsmarken sein – vor allem beeindrucken sie kleine Kinder enorm. Was wird man sich in Berlin angucken, wenn alles fertig

ist? Aber das wird es hier wohl nie ... Prägte doch schon 1911 Karl Scheffler die weisen Worte: »Berlin ist dazu verdammt, immer zu werden, niemals zu sein.« Nun ja.

Apropos bauen. Dazu hat der Berliner ein ganz eigenes Verhältnis, denn er baut genauso gern auf, wie er abreißt. Wobei er nicht müde wird, die Auswirkungen sowohl des einen wie des anderen möglichst lauthals auf dem Marktplatz der hausgemachten Sensationen feilzubieten. Entweder pro oder kontra – ein sachdienliches Abwägen, bei der auch einmal die Meinung des anderen wenn schon nicht geteilt, so doch wenigstens bedacht wird, kennt er nicht. Dadurch werden Berliner Diskussionen ja so interessant, denn jeder hat recht. Der Unterhaltungswert dieser Art Berlin-talk ist dabei unbestritten. Von ihm leben letztlich Tageszeitungen, audiovisuelle Medien und Verlage. Nur kommt man selten zu einem Ergebnis, vom Konsens ganz zu schweigen.

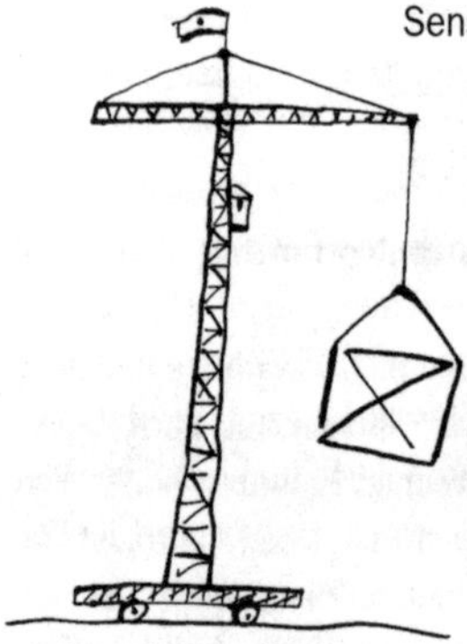

Das ist mitnichten erst seit heute so. Schon als man daranging, aus Berlin eine Reichshauptstadt zu machen und die Trasse der damaligen Ringbahn festzulegen, plante man mit der Sensibilität einer Dampfwalze. Und das Schlimme: man hielt sich auch daran. Kurzerhand verschwanden links und rechts der Trasse (obwohl ja »nur« der alte Festungswall als Vorbild für die Streckenführung diente) einige der schönsten Gebäude Berlins.

Besonders bezeichnend war der jahrzehntelange Streit um Standort und Bau des Reichstages. Bereits nach der Reichsgründung 1871 beschlossen, dauerte es immerhin bis zum Dezember 1894, ehe nach zwei Wettbewerben von 1872 und 1882 der Bau fertig war. Dabei ging der Wettbewerbssieger von 1872 so nebenbei ganz leer aus, und auch der Wettbewerbssieger von 1882, Paul Wallot, hatte wegen kleiner und großer Mäkeleien äußerst wichtiger Beamter letztlich einen ganz anderen Bau zu vollenden, als sein Entwurf vorsah. (Merken Sie was!) Am schlimmsten an der ganzen Sache war jedoch, daß sich die Abgeordneten auf der im Volksmund »Sahara« genannten riesigen unbebauten Fläche hinter dem Brandenburger Tor ausgerechnet einen Bauplatz ausgesucht hatten, auf dem eines der schönsten Berliner Palais stand, das 1847 von Johann Heinrich Strack fertiggestellte Palais Raczynski, ein architektonisches Äquivalent zum gegenüberliegenden Krollschen Etablissement. Kein Problem. Es wurde eben mal schnell abgerissen.

Nichts abzureißen brauchte man vor der Jahrhundertwende, als der Kurfürstendamm bebaut wurde. Im schönsten Berliner Maurermeisterstil (»Meesta, der Rohbau is fertich, wat soll'n nu for'n Stil dran?«) klotzte man hier einen wirklichen Boulevard hin, der seinen ganz eigenartigen Reiz nicht etwa aus der Architektur bezog, sondern aus dem unmittelbaren Nebeneinander von Kunst und Kommerz, von Welt und Halbwelt. Bevor Sie sich heute in den Häuserschluchten der Friedrichstraße graulen, flanieren Sie ruhig zuerst über den Kurfürstendamm und erfreuen sich am Wechselspiel von Bau auf und Reiß ab. Aber hüten Sie sich, allzuoft nach dem Weg zu fragen. Nicht daß man Ihnen untröstlich erklärt, man kenne sich nicht aus. Mitnichten. Das mag in Aachen oder Zerbst passieren. In Berlin weiß der Eingeborene alles – und natürlich besser. Ungerührt schickt man Sie in die John-Foster-Dulles-Allee, wenn Sie nach der Clayallee fragen. Und daß es die Breite Straße sowohl in Pankow als auch in Mitte oder Schmargendorf gibt, wissen Sie spätestens, wenn Sie in der falschen stehen. Vermeiden Sie vor allem die klassische Frage aller natur- und tierliebenden Touristen: »Wie komme ich am schnellsten in den Zoo?« Es kann passieren, daß man Sie mit »Als wat denn?« kontert.

Schauen Sie in der U-/S-/Straßenbahn möglichst Ihr Gegenüber/Ihre Gegenüberin gar nicht, oder – wenn es sich schon nicht vermeiden läßt – völlig desinteressiert an. »Paßbild jefällig?« ist noch eine harmlose Replik. Deutlich aggressiver wird der Ton bei: »Wohl vonne Sozjalamt, wa – oder hamse dir bei de Stasi keen Ejnblick vaschafft?« Sie sollten ruhig das Abteil verlassen, wenn der Tonfall übergeht in ein: »Ick kenne nur een, der so kieken darf, und det is mein Bullterrier!« Spätestens hier sollten Sie sich klarmachen, daß man es in Berlin nie so meint, wie man es sagt. Man bellt schon mal, beißt aber äußerst selten. Und Besitzer echter Bullterrier fahren meist echte Jaguars aus falscher zweiter Hand.

Was schaut man sich in einer fremden Stadt als erstes an? Natürlich die Sehenswürdigkeiten. Von den Baustellen war schon die Rede. Aber es gibt ja doch einiges, was man sich zu Gemüte führen sollte. Fangen wir mit der Mitte Berlins an. Unübersehbar erhebt sich der Fernsehturm in den Himmel über Berlin. Nur – Fernsehturm sagt in Berlin niemand. Eher schon *Protzkeule* oder *Großstadtpimmel*; auch *Rache des Papstes* (wegen des Kreuzes auf der Aluminiumummantelung bei Sonnenschein) ist gängig. Gleich daneben am Alex, wo früher die Berolina stand (im damaligen Volksmund *Bärenlina)*, der übrigens vor 109 Jahren Frau Anna Fellgiebel geb. Sasse Modell gesessen hat, sprudelt jetzt ein Brünnlein, offiziell noch immer »Brunnen der Völkerfreundschaft«, berlinisch *Nuttenbrosche.* Schlendert man westwärts weiter, stößt man auf den Palast der Republik – inzwischen mehr *Ballast der Republik*, zu DDR-Zeiten *Erichs Lampenladen* oder noch besser: *Palazzo Protzo.* Gegenüber das *Seelengasometer,* offiziell Berliner Dom, und etwas versteckt im Lustgarten

eine riesige Granitschale, die aus einem Stein gehauen wurde: die *Suppenschüssel* oder *Königs Spucknapf.*

Recht despektierlich gehen die Berliner mit ihren mehr oder weniger hehren Bauten sprachlich um. Dabei hat man offiziell auf beiden Seiten der einstmaligen Mauer immer versucht, sich den Witz der Berliner zu eigen zu machen und volkstümelnde Wendungen unters Volk zu bringen. Offensichtlich saßen im ZK der SED und im Senat von Berlin zwar äußerlich völlig unterschiedliche, aber doch mit gleichen Denkschablonen ausgerüstete Formulierer. Kein Mensch sagte im Osten das offiziell gewünschte *Telespargel* für den Fernsehtum; und nur Touristen aus dem Schwabenland gebrauchen ernsthaft *hohler Zahn* bzw. *Puderdose plus Lippenstift* für die Kaiser-Wilhelm-Gedächtniskirche. Manche Wortschöpfungen allerdings belegen den Sinn der Berliner für das realistisch-komische Detail recht sinnfällig: *Aserbaidshanischer Bahnhof* (für den neuen Friedrichstadtpalast, der alte hieß: *Tropfsteinhöhle); Goldelse* oder *Siegesschornstein* für die nach dem Sieg im Deutsch-Französischen Krieg von 1871 errichtete Siegessäule; *Zirkus Karajani* für die Philharmonie; *Schwangere Auster* für die Kongreßhalle; *Wasserklops* für den Weltkugel-Brunnen am Breitscheidplatz; *Sing-Sing* für die Deutsche Oper; *Hungerharke* für das Luftbrückendenkmal; *Panzerkreuzer Charlottenburg* für das ICC. Und noch viel mehr. Oder kennen Sie eine andere Großstadt in Deutschland, wo man für Kirchenbauten – besonders für die Neubauten aus den fünfziger Jahren – derart respektlose Bezeichnungen gefunden hat: *Himmelspaternoster* (Kirche am Hohenzollernplatz), *Röntgenkirche* (Kirche am Hansaplatz), *Seelenbohrer* oder *Sankt Aluminium* (Kaiser-Friedrich-Gedächtnis-Kirche im Hansaviertel), *Nagelfeile* oder auch *Unseres Herrgotts Sprungschanze* (Paul-Gerhardt-Kirche in der Schöneberger Hauptstraße). Auch ältere Kirchenbauten haben originelle Spitznamen, die sich zum Teil aus ihrer Geschichte erklären. Die Lukaskirche in der Bernburger Straße in Kreuzberg heißt deswegen *Wurstkirche*, weil das Geld für ihren Bau von einem Metzgermeister kam. Und die Sankt-Matthäus-Kirche auf dem

Kemperplatz nannte man im Volksmund *Polkakirche,* weil weiland der Gottesdienst von den lustvollen Klängen des atheistischen Völkchens, das sich im Tiergarten vergnügte, gestört wurde.
Wenn Sie spazierengehen, dann denken Sie bitte auch stets daran, daß Berlin die hundeverliebteste Großstadt der Welt ist. Sogar eines der originellsten Museen gibt es hier: das private Hundemuseum in Berlin-Blankenburg hat über Jahrzehnte hinweg mit viel Liebe und auch Sinn für Komik alles gesammelt, was Menschen Hunden antun können.
An lebenden Hunden finden Sie in Berlin alle Mischungen, vom staupefeuchten Kreuzbergrüden bis zur reinrassigen Zehlendorfer Chippendalemischung, herren- bzw. frauchenlose Köter gar nicht gezählt. Diese Hunde gehen Gassi genau wie Sie. Anders als für Sie gibt es jedoch keine öffentlichen Hundetoiletten; es sei denn, man nimmt den Tiergarten oder ganz allgemein den Bürgersteig als solche. Die Hunde hat niemand gezählt, aber die Häufchen ergeben pro Tag vier Tonnen, die von der Berliner Stadtreinigung entsorgt werden. Oder auch nicht. Hineintreten soll Glück bringen – nun, soviel Glückliche kann es nicht einmal in Berlin geben.
Wer gern abends lustwandeln möchte, der kommt auf den bekannten, beliebten und bauzaunbewehrten Seufzermeilen schnell und billig auf seine Kosten. Wir verraten nicht wo, schließlich ist das ein seriöses Buch, in dem auch noch weitere Autoren aus vergangenen und jetzigen Zeiten zu Wort kommen sollen.

Georg Hermann

Pro Berlin

Berlin ... sagt Heine (und damals war er noch sehr jung) ... ist keine Stadt, sondern nur ein Ort, ein Platz, eine Stelle, wo viele Menschen zusammen leben. Es ist ... so sagt er es ungefähr ... von kleinen Bläffern von Literaten bespuckt und in den Himmel gehoben worden, – aber es hat sich nicht darum gekümmert. Wohl, weil es anderes zu tun hatte und mit sich selbst immer sehr beschäftigt war. Und wenn ich hier Berlin loben werde, so wird es sagen – sofern es überhaupt Notiz davon nimmt –, mit dem Kerl ist nun schon gar nichts mehr los. Sogar mich fängt er schon an zu loben. Ich muß mich da auf mein stets löcheriges Gedächtnis verlassen..., denn ich habe zwar eine ganze Menge Erstausgaben von Heine, aber keinen kompletten Heine im Haus ... Doch ob nun Berlin eine Gleichgültigkeit von Straßen ist, wie Heine meint, in denen die Häuser wie die Grenadiere ausgerichtet sind und eins wie das andere aussehen ... ob es eine Weltstadt ist, die New York und London und Paris nicht nachstehen will, und alles in sich vereinigt, was die haben: von New York den Verkehr und den Rhythmus, von London den Merkantilismus und von Paris die Kultur – wie es manche gern behaupten –, das ist mir zum Schluß ziemlich gleich. Ich glaube, die Wahrheit wird in der Mitte liegen, wie das meist die Eigenheit aller Wahrheit ist, nie da zu sein, wo es von ihr behauptet wird. Berlin wird noch heute das Mittelding sein zwischen einer Stadt und einem Platz, einer Stelle, einem Ort, wo gleichgültige Menschen gleichgültig zusammenleben, so das Mittelding zwischen einem Etwas, das gewachsen und geworden ist und das gemacht wurde ... Es hat von London, Paris und New York, von jedem etwas. Nur nicht immer das, was es glaubt. Von den Wolkenkratzern hat es zum Beispiel schon die Wolken. Mit London teilt es die Bankkräche, und mit Paris ... ja, mit Paris die Konfektion und die Verkehrsunfälle, wobei es in dem zweiten Paris nur wenig nachsteht. Im ganzen auch kann man sich nicht verhehlen, daß seine Spree weniger rühmlich und großartig ist als die Seine mit den leuchtenden Brückenbögen darüber, die Paul Verlaine so bitter besungen hat, daß sie die Ladungen von Holz und Kohle und die Leichen der Selbstmörder seit Jahrhunderten schon trägt, ... weniger rühmlich und großartig auch als die Themse mit ihren violetten Abendnebeln darüber – die Whistler zu Nocturnos stillhalten mußten, die Monet eigens zu einer Serie Londoner Brücken begeisterten. »Niemals«, meint Oskar Wilde, »hat es hier auf der Themse so viel farbensprühende Nebel gegeben, wie seitdem die französischen Impressionisten hier gemalt haben. Sie haben das hier erst eingeführt.« – Eben die Themse, die die salzverkrusteten Ozeanriesen auf ihrem breiten Rücken trägt. Bei der Spree hat es von jeher nur zu Torfkähnen – daher: »Sie sind wohl vom Torfkahn über-

fahren worden?«! – und zu Werderschen und böhmischen Appelkähnen gereicht, und das ist eigentlich noch bis heute – auch im übertragenen Sinn – der Unterschied zwischen Berlin und London.

Nun denkt man etwa ... ich will etwas Schlechtes über Berlin sagen. Im Gegenteil. Ich habe Berlin wahnsinnig gern. So gern, daß ich in sechzig Jahren, wo immer ich war, nicht davon losgekommen bin. Ich finde, die Berliner sind die nettesten Menschen der Welt, ... zum mindesten aber in Deutschland. Und sie reden so, daß man jedes Wort versteht, das sie sagen. Nicht nur versteht, was sie sagen, sondern – was für mich wichtiger – auch versteht, was sie dabei denken ... Nein, auf Berlin lasse ich nichts kommen. Ich liebe es mit jener Haßliebe, die das übliche unter nahen Verwandten und lebenslänglichen Bekannten ist.
Und außerdem ist es wirklich schön geworden mit seinen weiten Strecken durchaus menschenwürdiger Siedlungen, die es in den letzten zehn bis dreizehn Jahren ... überall da hingestellt hat, wo ein freier Platz war ... Schön – naja – das ist vielleicht zuviel – es ist keine schöne Stadt geworden, es ist eine erfreuliche und grüne Stadt geworden, auch wenn es nicht mehr ganz die gemütliche und sogar bescheidengroßschnäuzige Stadt meiner Jugend ist. Während nebenbei in der Fontanezeit bei diesem meinem Epitheton ornans ziemlich genau mit fünfzig Prozent beide Teile sich paritätisch die Waage hielten ..., hat sich, wie mir erscheinen will, in dem heutigen Berlin bei diesem Schmuckwort die Parität etwas zugunsten des ersten nach seiten der Bescheidenheit hin verschoben. – Oder bin ich da falsch berichtet?!
Nein, ich liebe Berlin ... das kann ich ja nur schwer abstreiten. Meine Phantasie flattert immer wieder mit Menschen und Stimmungen um seine kargen landschaftlichen Reize und durch die langen Zeilen seiner baumbestandenen Tiergarten- und Vorortstraßen. Und wenn ich hundert und zehn Jahre alt würde, ich würde immer wieder an seinem Kreuzworträtsel herumraten. Keine Stadt hat für den Schriftsteller so viel Ungelöstes ... Paris hatte seine Zolas in hundert

Namen und hat sie noch heute, London seine Dickens in hundert Namen bis auf Virgina Woolf und hat sie noch heute. Es ist ganz enträtselt. New York seine Dreisers und Sinclair Lewis und bekommt jeden Tag einen neuen dazu ... Aber Berlin ist vom Westen und von Nikolassee bis zum Alexanderplatz immer noch litteris terra incognita ..., so viel Schiffe auch schon ausfuhren, es zu entdecken. Denn Berlin ... warum soll man sich nicht selbst plagiieren?!
»Denn Berlin ist groß, und jeder hat seine eigene Meinung von Berlin. Der Osten liegt fern vom Westen und der Süden weit vom Norden. Es sind Städte für sich. Jede Straße, jeder Komplex ist eine Insel für sich. Hier ist es die neue Stadt des Reichtums – war es, war es ... müßte heute stehen, nach kaum zwanzig Jahren! – und dort die harte Stadt der Arbeit. Hier ist es das Thule der Gelehrten und dort die Feste der Macht. Hier ist seine Schönheit gepriesen und dort seine Häßlichkeit verachtet. Hier in diesem Winkel berühren sich alle Gegensätze, reiben sich Anmut und Laster, Reichtum und Elend. Hier jagen die Eisenbahnen, schlafscheuchend, an rauchgeschwärzten Hinterhäusern vorüber, und dort gleiten und huschen die hellen Hochbahnzüge wie leuchtende Glasschlangen in ihre schwarzen Löcher hinab und steigen mühelos aus ihnen empor. Dort liegen Nebenstraßen, ganze Viertel lang, einsam, unheimlich und finster, und hier schiebt sich die Menschenwoge im bunten Narrenkleid der tausend Stände Tag und Nacht, ohne Unterbrechung, stockend, langsam, schrittweis ... schiebt sich – immer wieder sich bindend und immer wieder sich lösend – über Plätze hin, die von ganz oben herab von den mattblauen Monden der Bogenlampen bestrahlt sind.
Oh, Berlin ist groß, und sein Gewand schillert in tausend Farben. Hier ist es ganz abgewetzt und lumpenhaftjämmerlich, und dort ist es wie alter Brokat noch. Hier ist

es wie schwerer alter Samt und dort wie gezwirnte billige Krefelder Seide. Und jedes Berlin ist weltenfern und verschieden dem andern. Und draußen in Wilmersdorf, in Charlottenburg, da ist es eben das Berlin der reichen Leute, die kein Geld haben.«

1931

Kurt Tucholsky

Berlin! Berlin!

Über dieser Stadt ist kein Himmel, ob überhaupt die Sonne scheint, ist fraglich; man sieht sie jedenfalls nur, wenn sie einen blendet, will man über den Damm gehen.

Über das Wetter wird zwar geschimpft, aber es ist kein Wetter in Berlin.

Der Berliner hat keine Zeit. Der Berliner ist meist aus Posen oder Breslau und hat keine Zeit. Er hat immer etwas vor, er telefoniert und verabredet sich, kommt abgehetzt zu einer Verabredung und etwas zu spät – und hat sehr viel zu tun.

In dieser Stadt wird nicht gearbeitet – hier wird geschuftet. (Auch das Vergnügen ist hier eine Arbeit, zu der man sich vorher in die Hände spuckt und von dem man etwas haben will.) Der Berliner ist nicht fleißig, er ist immer aufgezogen. Er hat leider ganz vergessen, wozu wir eigentlich auf der Welt sind. Er würde auch noch im Himmel – vorausgesetzt, daß der Berliner in den Himmel kommt – um viere »etwas vorhaben«.

Manchmal sieht man Berlinerinnen auf ihren Balkons sitzen. Die sind an die steinernen Schachteln geklebt, die sie hier Häuser nennen, und da sitzen die Berlinerinnen und haben Pause. Sie sind gerade zwischen zwei Telefongesprächen oder warten auf eine Verabredung oder haben sich – was selten vorkommt – mit irgend etwas verfrüht – da sitzen sie und warten. Und schießen dann plötzlich wie der Pfeil von der Sehne – zum Telefon – zur nächsten Verabredung.

Diese Stadt zieht mit gefurchter Stirne – sit venia verbo! – ihren Karren im ewig selben Gleis. Und merkt nicht, daß sie ihn im Kreise herumzieht und nicht vom Fleck kommt. Der Berliner kann sich nicht unterhalten. Manchmal sieht man zwei Leute miteinander sprechen, aber sie unterhalten sich nicht, sondern sie sprechen nur ihre Monologe gegeneinander. Die Berliner können auch nicht zuhören. Sie warten nur ganz gespannt, bis der andere aufgehört hat zu reden, und dann haken sie ein. Auf diese Weise werden viele Berliner Konversationen geführt.
Die Berlinerin ist sachlich und klar. Auch in der Liebe, Geheimnisse hat sie nicht. Sie ist ein braves, liebes Mädel, das der galante Ortsdichter gern und viel feiert.
Der Berliner hat vom Leben nicht viel, es sei denn, er verdiente Geld. Geselligkeit pflegt er nicht, weil das zuviel Umstände macht – er kommt mit seinen Bekannten zusammen, beklatscht sich ein bißchen und wird um zehn Uhr schläfrig.

Der Berliner ist ein Sklave seines Apparates. Er ist Fahrgast, Theaterbesucher, Gast in den Restaurants und Angestellter. Mensch weniger. Der Apparat zupft und zerrt an seinen Nervenenden, und er gibt hemmungslos nach. Er tut alles, was die Stadt von ihm verlangt – nur leben ... das leider nicht. Der Berliner schnurrt seinen Tag herunter, und wenn's fertig ist, dann ist's Mühe und Arbeit gewesen. Weiter nichts. Man kann siebzig Jahre in dieser Stadt leben, ohne den geringsten Vorteil für seine unsterbliche Seele.
Früher war Berlin einmal ein gut funktionierender Apparat. Eine ausgezeichnet angefertigte Wachspuppe, die selbsttätig Arme und Beine bewegte, wenn man zehn Pfennig oben hineinwarf. Heute kann man viele Zehnpfennigstücke hineinwerfen, die Puppe bewegt sich kaum – der Apparat ist eingerostet und arbeitet nur noch träge und langsam.
Denn gar häufig wird in Berlin gestreikt. Warum? So genau weiß man das nicht. Manche Leute sind dagegen, und manche Leute sind dafür. Warum? So genau weiß man das nicht.
Die Berliner sind einander spinnefeind. Wenn sie sich nicht irgendwo vorgestellt sind, knurren sie sich in der Straße und in den Bahnen an, denn sie haben miteinander nicht viel Gemeinsames. Sie wollen voneinander nichts wissen, und jeder lebt ganz für sich. Berlin vereint die Nachteile einer amerikanischen Großstadt mit denen einer deutschen Provinzstadt. Seine Vorzüge stehen im Baedeker.
In der Sommerfrische sieht der Berliner jedes Jahr, daß man auch auf der Erde leben kann. Er versucht's vier Wochen, es gelingt ihm nicht – denn er hat es nicht gelernt und weiß nicht, was das ist: leben – und wenn er dann wieder glücklich auf dem Anhalter Bahnhof landet, blinzelt er seiner Straßenbahnlinie zu und freut sich, daß er wieder in Berlin ist. Das Leben hat er vergessen.
Die Tage klappern, der Trott des täglichen Getues rollt sich

ab – und wenn wir nun hundert Jahre dabei würden, wir in Berlin, was dann –? Hätten wir irgend etwas geschafft? Gewirkt? Etwas für unser Leben, für unser eigentliches, inneres, wahres Leben, gehabt? Wären wir gewachsen, hätten wir uns aufgeschlossen, geblüht, hätten wir gelebt –? Berlin! Berlin!

Als der Redakteur bis hierhin gelesen hatte, runzelte er leicht die Stirn, lächelte freundlich und sagte wohlwollend zu dem vor ihm stehenden jungen Mann: »Na, na, na! Ganz so schlimm ist es denn aber doch nicht! Sie vergessen, daß auch Berlin doch immerhin seine Verdienste und Errungenschaften hat! Sachte, sachte! Sie sind noch jung, junger Mann.«
Und weil der junge Mann ein wirklich höflicher junger Mann war, wegen seiner bescheidenen Artigkeit allgemein beliebt und hochgeachtet, im Besitze etwas eigenartiger Tanzstundenmanieren, die er im vertrauten Kreise für gute Formen ausgab, nahm er den Hut ab (den er im Zimmer aufbehalten hatte), blickte gerührt gegen die Decke und sagte fromm und fest: »Gott segne diese Stadt!«

1919

Ödön von Horvath
So wird Berlin verleumdet

Unlängst traf ich einen Bekannten aus einer kleinen deutschen Stadt mit einer historischen Umgebung. Wir kamen über den Satz »Jeder einmal in Berlin« zu sprechen. Er pflichtete mir aber keineswegs bei und behauptete sogar, daß er nicht im Traum daran denken würde, jemals in seinem ganzen Leben die Reichshauptstadt zu besuchen. Das würde ja dieses Babylon schon gar niemals erleben, daß er seine Füße auf seinen Asphalt setzt, da könnte Berlin lange warten, wenn es auch noch so eine verführerische Propaganda treiben täte.

Nachdem er sich ausgeschimpft hatte und wieder etwas menschenähnlicher geworden war, wagte ich die Bemerkung, daß bei seiner strikten Ablehnung Berlins doch sicher viel Ressentiment dabei sein dürfte. »Nichts ist dabei«, meinte er überlegen, »hint und vorn ist nichts dabei.« Dann wurde er nachdenklich. Er suchte krampfhaft nach einer richtigen Formulierung. »Siehst du«, sagte er plötzlich, »daß wir in der Kleinstadt uns bei dem Wort Berlin ärgern und daß wir Berlin am liebsten von der Landkarte ausradieren möchten, das hat einen tieferen Sinn. Eigentlich können ja die Berliner persönlich nichts dafür, daß sie unser lieber Gott so erschaffen hat, und sie tun mir leid, daß sie mir nicht gefallen. Aber wir mögen sie halt nicht, weil sie viel zu vorlaut sind. Zum Beispiel, als wir seinerzeit im Weltkrieg irgendwo gedacht haben: siehst, dort drüben steht ein Haus, da könntest du jetzt sicher etwas mitnehmen – da, wir waren noch kaum fertig damit, das heißt: wir haben diesen Gedanken noch kaum zu Ende gedacht, schon ist ein Berliner vor uns gestanden und hat gesagt: ›Wat? Dort drüben wollt ihr stehlen? Is ja schon alles ausjeräumt!‹ Und dann wundert sich die Welt, wenn wir zu Berlin keinen Kontakt finden, wenn wir diese Asphaltstadt als einen Fremdkörper in unserem Volkstum betrachten!«

An diesen Gedankenaustausch muß ich immer denken, wenn ich Provinzler Berlin ablehnen höre. Neben dem zum Teil partikularistischen Gefühlen und Erwägungen ist es ja doch nur der Ärger über die raschere Auffassungsgabe, über die praktischere Auswertung der jeweiligen Situation. Und

die Angst vor der eigenen heimlichen Sehnsucht nach Lichtreklame.
Die Vorwürfe, mit denen die Provinz Berlin überhäuft, lassen sich folgendermaßen gruppieren:

1. Berlin bringt nicht genug Kinder zur Welt.
2. In Berlin kann man nirgends gemütlich sitzen.
3. Alle unsere Steuern wandern nach Berlin und werden dort verschoben.
4. Man kann als junger Mensch eigentlich nur in Berlin etwas erreichen.

Hierzu wäre noch zu bemerken: zu Punkt 1: weil die Berliner überaus ausschweifend sind. (Rauschgift!) Daran sind die Juden schuld. Zu Punkt 2: weil sich Berlin etwas auf sein Tempo einbildet. (Anmerkung des Verfassers: dieses Tempo dürfte natürlich häufig nur Leerlauf sein, wohingegen es vermessen wäre, die geruhsameren Lebensformen des Provinzlers als Leerlauf zu bezeichnen.) Zu Punkt 3: weil es in Berlin keinen »Treu und Glauben« mehr gibt. Treu und Glauben gibt es nur in der Kleinstadt. Dort gibt es nämlich noch eine deutsche Seele, deren Vorhandensein sich an dem rücksichtslosen Boykott und viehischen Terror gegen politisch Linksgerichtete nicht nur rein metaphysisch beweisen läßt. Zu Punkt 4: weil Berlin eine Vorliebe für die Jugend hat, und daran sind auch die Juden schuld.
Zusammenfassend überhaupt sind an allem die Juden schuld.
So ungefähr kann man es in jeder Kleinstadt hören, in fast jeder Kleinstadtzeitung lesen, mehr oder minder deutlich. Manche dieser Kleinstädte erreichen eine Einwohnerzahl von 700 000 Seelen.
So wird Berlin verleumdet, von den Provinzspießern, weil

sie es nicht besser wissen. Sie lesen es ja nicht anders in ihren Zeitungen, tagtäglich. Gewisse Korrespondenten verschweigen ja das für Berlin Charakteristische: den ungeheuren Arbeitswillen dieser Stadt. Über das arbeitende Berlin wird nie ein Wort in ihren Spießergazetten stehen. Sie sehen zu guter Letzt nur die Mädchen in der Friedrichstraße, und aus lauter Trauer über diese Art der Materialisation der deutschen Seele verleumden sie bewußt vier Millionen Menschen.

Und nun: wie reagiert denn der Berliner auf diese ständigen Anpöbeleien? Er meckert wohl über die Provinz, aber niemals bösartig, immer gewissermaßen jederzeit zum Verzeihen bereit. Er ist nämlich eigentlich verliebt. Aber nur, um Gottes willen, daß niemand nichts merkt! Es ist eine tiefe, stille Liebe zur Provinz – eine unglückliche, hoffnungslose, tragische, weil sie nie erwidert wird.

1931

Walter Kiaulehn

Wonach riecht Berlin?

Ein bedeutsames, wenn auch flüchtiges Urerlebnis des Menschen in der Großstadt ist der Geruch. Man hat dieses Erlebnis immer nur einmal, nämlich bei der Ankunft. Am Morgen hat man es schon wieder vergessen, man hat sich eingerochen. Paris riecht nach Knoblauch und feuchter Erde. Man riecht es ganz deutlich, wenn man in die Metro hinuntersteigt.

Berlin riecht ... ja, wonach riecht Berlin? Alle Fremden und Einheimischen, die man befragt, heben die Nase und schnuppern ihren Erinnerungen nach, blicken vor sich hin

und sagen: »Ja, wonach riecht eigentlich Berlin?« Die Wahrheit ist, Berlin riecht nach nichts.
Wahrscheinlich ist die Geruchlosigkeit der Stadt ein Ergebnis ihrer Lage. Sie liegt verhältnismäßig hoch in einem weiten Urstrombecken, dem sogenannten »Warschau-Berliner-Urstromtal«. Der Wind bläst von allen Seiten in die Stadt. »Es zieht«, sagen die Berliner. Der viele, gelbe, helle Sand, auf dem der größte Teil Berlins erbaut ist, kommt appetitlich aus der Tiefe, wenn man das Land umgräbt. Es war immer ein großes Berliner Kindervergnügen, die nackten Beine in diesen schönen, sauberen Sand zu tauchen. Er ist so sauber, daß man ihn früher als Streusand auf die Dielen schüttete. Außerdem gibt es sehr viele Wasserflächen in und um Berlin: sie binden den Staub. Und es werden noch andere solcher Tatsachen sein, die im Zusammenhang mit der Sauberkeit Berlins seine Geruchlosigkeit erzeugen.
Sicherlich ist es diese Geruchlosigkeit, von der ein Seelenreiz ausgeht. Man fühlt sich leicht und unbehindert, und das stimmt den Menschen optimistisch. Das Fehlen jeglichen Eigengeruchs der Stadt wirkt sich in Berlin als ein positives Ergebnis aus. Die Seelenreize, die das Gebilde der Großstadt auf die in jedem ihrer Bewohner versteckte »Primitivperson« ausübt, wirken sich im Unterbewußtsein als Lust- oder Unlustempfindungen aus. Unterstellt man, daß der Erfolg einer Großstadt davon abhängt, ob sie ihren Bewohnern mehr Lustgefühle hervorruft als Unbehagen, so darf man Berlin eine der erfolgreichsten Städte nennen.

1958

Walter Laufenberg
Spraydeutsch

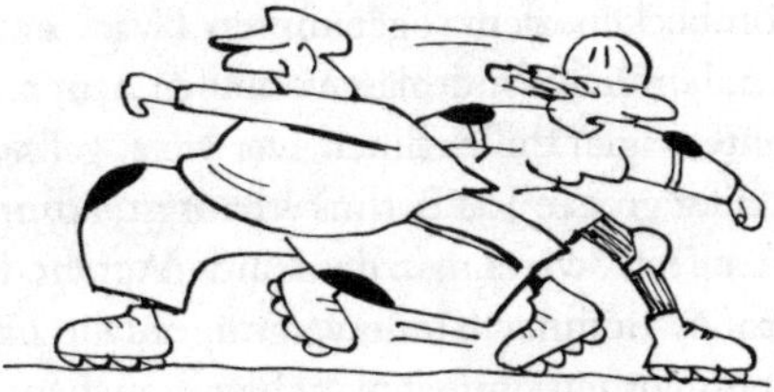

Künstlerisch ambitioniert, nein, das sind sie nicht, waren sie auch nie, die Berliner Sprayer. Aber was sich da neuerdings abzeichnet, das ist eine unübersehbare Verfeinerung unserer Sprache, das ist die Wende zu einer höheren Sensibilität hin. Das fing – vereinzelt noch – an, als Reagan in Berlin war. »Der President ißt doof« nahm an einer Hauswand einer mit höher entwickeltem ästhetischen Empfinden Anstoß an den Eßgewohnheiten der Amerikaner. Ganz zu recht, ist es doch für einen kultivierten Mitteleuropäer ein Schock zu sehen, daß die Amerikaner nicht einmal richtig mit Messer und Gabel hantieren können, sondern das Fleisch zuerst in kleine Brocken zerteilen und dann – die Gabel in der Rechten und die Linke unterm Tisch – einhändig einfahren. Und die Erklärung für dieses wirklich »doof« wirkende handling, nämlich daß es noch aus der Zeit der Kolonisation des Wilden Westens stammt, als man stets auf einen Angriff gefaßt sein mußte und deshalb in der unbeschäftigten linken Hand unterm Tisch den entsicherten Revolver hielt, diese üblicherweise servierte Erklärung entschuldigt noch lange nicht den Verstoß gegen europäische Tischsitten.

Eine noch sublimere Entrüstung manifestiert sich in dem gesprayten Aufschrei – ausgerechnet gegenüber einem Friedhofseingang: »Mit Spiralen und Pillen wollt ihr uns killen. Nieder mit dem Bumszwang!« Da hat es endlich einmal einer ausgesprochen, was den Mann von heute kaputtzumachen droht, nämlich dieser perennierende Anspruch der spiralverriegelten oder pillengeladenen Frau auf sexuelle Bedienung, diese eingefleischte Erwartungshaltung, die sich sagt: Wenn ich schon so aufwendige Vorbereitungen getroffen habe, dann müssen sie sich auch lohnen. Die Berliner Männer sind offensichtlich nicht bereit, sich durch diese neuartige weibliche Logik zu neurotischen Haustrotteln machen zu lassen, auch dabei wohl wieder das negative Beispiel der Amerikaner vor Augen. Die neue Empfindsamkeit wehrt sich konsequent: »Nieder mit dem Bumszwang!«

Weiter im Text: Steht da an einem schmucklosen Mietshaus: »Vögelt Vogel.« Ein Satz von solch lapidarer Sprachgewalt, daß er scharenweise Fragen auffliegen läßt. Zunächst macht man sich klar, daß es hier nicht um eine bloße Aussage gehen kann. Denn die müßte die Stellung wechseln. Also: Vogel vögelt. Das ist eindeutig nicht gemeint. Die Vorwegnahme des Verbs deutet statt dessen darauf hin, daß es sich um eine Frage handelt: Vögelt Vogel? Allein durch die Satzstellung hat der Sprayer die Frageform unbezweifelbar festgelegt, dabei ökonomisch und ökologisch motiviert das Spray für das überflüssige Fragezeichen einsparend. Daß es sich nicht um die Einsparung eines Ausrufezeichens handeln kann, ist für die interpretierende Betrachtung evident, denn wer hätte schon die dazu nötige Nähe zu einem solchen Spitzenpolitiker. Nein, das weggelassene Fragezeichen ist der Clou, nämlich die eleganteste Art, einen Politiker in Frage zu stellen. Indem mit der Frage offengelegt wird, wie einer das ihm Gemäße tut, werden Unterschiede deutlich, die sonst von Programmkosmetik übertüncht sind. So veranlaßt der sparsame Zwei-Wörter-Sprayer uns zum Weiterdenken und Vergleichen: Kohlt Kohl? Oder auch: Verkarstet Carstens? Und sogar: Veräppelt Eppler? Und: Blümelt Blüm?

Weitaus gesprächiger dagegen der Sprayer des Satzes: »Frauen, erobern wir uns die Nacht zurück!« Ein Aussteiger, der Frauen sucht, nicht um sie zu erobern – alte Schule – oder sich von ihnen erobern zu lassen – reformierte Schule –, sondern nur um die Nacht zu erobern, getreu der Devise: Endlich wieder nebeneinander schlafen zu dürfen statt beischlafen zu müssen. Also einer von den neuen Anhängern eines müden Heldentums vor wie nach Ladenschluß.

Nicht so leicht zu verstehen – zugegeben – ist die mitten in einem Türkenviertel aufgesprayte Grußformel: »Hallo Beziehungsknast.« Der Sprachforscher kann nur alle drei Bestandteile dieses Ausrufes als durchaus up to date klassifizieren. Aber das bringt nicht weiter. Aus der Lokalisierung des Textes ergibt sich jedoch ein Hinweis darauf, daß es um die Beziehung der Deutschen zu den Türken geht. Wobei der Appendix Knast nur für denjenigen eine erschreckende Konsequenz der Aufforderung darstellt, der den Bedeutungswandel des Wortes Knast zu Gral noch nicht mitbekommen hat.

Fazit dieser nichtrepräsentativen Litera-Tour in Spray-Athen: Wir müssen ganz neu lesen lernen.

1985

Wat hier jelacht wird, det lache ick

Walter Benjamin

Kleiner Sprachführer »Berlinisch«

Sprache ist gemeinhin die materielle Hülle des Gedankens. Daß es in Berlin auch ohne Gedanken geht, beweist das sogenannte »gestische« Sprechen, das im unemotionalen Zustand gänzlich ohne Phoneme auskommt. Wir unterscheiden hierbei den sachlichen (oder auch freundlichen) und den unsachlichen (oder auch unfreundlichen) Gestus. Hierfür zwei Beispiele:

a) sachlich

Sie sind den ruhigen Vorortstraßenverkehr von Augsburg/Bonn/Celle ... bis Zwickau gewohnt, Tempo 30, an das man sich hält; Fußgänger, Radfahrer und Hundeführer werden von Ihnen als Menschen – also zuvorkommend – behandelt. So weit, so gut. Nun die andere Verkehrssituation. Nehmen wir ein simples Beispiel: Sie fahren die Skalitzer Straße im Berufsverkehr stadteinwärts und wollen links in die Prinzenstraße abbiegen. Bei Grün/Gelb huschen Sie schnell noch auf die Kreuzung, dadurch blockieren Sie die Linksabbieger der Gegenrichtung. Niemand kommt aneinander vorbei. Bevor das Adrenalin die Gedanken blockiert (Sie merken was: Sprache = Gedanken), recken Sie als höflicher Niedersachse (von Nord nach Süd beliebig variabel) entschuldigend die Handfläche der linken/rechten Hand nach oben, lächeln, reißen die Augen weit auf (die nach oben gerissenen Augenbrauen untermauern die Geste des gedachten »ich weiß, es ist doof, noch auf die Kreuzung zu brettern, aber so ist nun mal das Leben, wer ohne Fehl, der werfe den ersten Stein«), verständigen sich also. Ihr Gegenüber ist sofort auf Ihrer kommunikativen Höhe, lächelt, deutet durch eine Handbewegung an: halb so schlimm, für jeden kommt schließlich mal die Lücke. Ende des Beispiels.

b) unsachlich

Dieselbe Situation (natürlich sind Ihnen jederzeit verkehrstechnische Steigerungen vorbehalten: also unseretwegen Fehrbelliner Platz, Kaiserdamm, Großer Stern, Ernst-Reuter-Platz etc.) Ihr Gegenüber starrt Sie wie ein Orang-Utan an (heißt: blöder Affe!). Sie starren zurück (selber Affe). Er haut mit der flachen Hand aufs Lenkrad (wie kann man nur so dämlich sein!). Sie winken – mag sein, eine Spur zu verächtlich – nur leger ab (hab dich nicht so!). Das war zuviel. Der rechte Zeigefinger des nunmehrigen Gegners geht zur Stirn, das Gesicht verzerrt sich zu einem ritualisierten Hackebeil, die linke Hand fuchtelt unkoordiniert in der beengten Fahrgastzelle umher. Das darf nicht unwidersprochen bleiben. Aus Ihrer zur Faust geballten Rechten ragt der Mittelfinger wie der rote Felsen von Helgoland empor (hier bieten sich je nach regionaler Herkunft die unterschiedlichsten Symbole für das Prinzip des steil Aufragenden an). Da die Situation nun unweigerlich zur verbalen Kommunikation drängt, beenden wir hier das Beispiel b).

Derart eingestimmt auf die »materielle Hülle des Gedankens«, dürften Sie nunmehr befähigt sein, sich dem gesprochenen Wort ganz hinzugeben. Stellen wir uns der Einfachheit halber die gleiche Situation vor. Eine Variante a) (sachlich = freundlich) gibt es hierbei schon nicht mehr. Anbei also eine Reihe von sprachlichen Kampfsportinjurien, die Sie ruhig auswendig lernen sollten:

»Ham Se sich schon mal ieberleecht, wie Ihnen een Jlasooge stehn wirde?«

»Ihnen is woll schon lange nich mehr de Pupille iebert Schemisettchen jekleckert?«

(Natürlich lassen sich Steigerungsformen besser im familiären Du bewältigen):

»Hast woll lange nich dein eijnet Jeschrei jehört?«
»Laß dir bejraben, Mensch!«
»Aus dir mach ick Sülze mit Kompott«
(Würdigen Sie ruhig einmal die ästhetische Komponente des Gesagten).
»Ick hau dir, dette Schmierseefe kotzt!«
»Een Schlach und die Neese sitzt hinten.«
»Mensch, dir hol ick pfundweise aus'm Anzuch.«
(Damit ist der Höhepunkt überschritten, der Rest ist Rückzugsgeplänkel).
»Mensch, dir pust ick doch inne Neese, detter der Stehkragen platzt.«
»Dir stech ick mit'n jefrornen Waschlappen dot.«
»Mensch, koof dir doch'n Schwanz und jeh als Affe!«
»Wenn de noch wat saachen willst, denn halts Maul!«
Letzteres ist auch ein schönes Beispiel für die Dialektik des Berliner Denkens.

Derart eingestimmt auf den rauhen, aber nichtsdestotrotz herzlichen Ton des Berlinischen (noch einmal: in Berlin ist nichts so gemeint wie gesagt; das gilt auch für größeres, z. B. die Politik), geben wir für alle Nichtberliner im folgenden Abschnitt einen kurzen, aber notwendigen Überblick zur Grammatik.
Da das Berlinische eine wirkliche Sprache ist, hat es natürlich eine Grammatik mit festen Regeln, also auch eine Deklination, wenn auch, wie in jeder Volkssprache, die Endungen öfter durch Umschreibungen ersetzt werden. Die Deklination des Substantivs sieht demzufolge so aus:

Nominativ:				
	der Vater	*die Mutter*	*det Kind*	*die Kinder*
Genitiv:				
	von Vatern (Vatern sein)	*von Muttern (Muttern ihr)*	*von det Kind*	*von die Kinder*
Akkudativ:				
	den Vater	*die Mutter*	*det Kind*	*die Kinder*
	Vater(n)	*Mutter(n)*		

Es gibt also keinen richtigen Genitiv. Statt zu sagen: meines Vaters Hut oder der Hut meines Vaters, sagt der Berliner: der Hut von mein' Vater, oder: mein' Vater(n) sein Hut, oder vulgär: mein Ollen sein Deckel. Statt Mutters Hut sagt man: der Hut von Muttern, oder: Muttern ihr Hut. Dativ und Akkusativ werden zum Akkudativ verschmolzen, der bei einem Substantiv und beigefügten Adjektiv die Form des Akkusativs hat, also: Ick hab den Mann (Akkusativ) nich jesehn, und: Ick hab den Mann (Dativ) det Jeld vasprochen; hau doch det Kind (Akkusativ) nich so; jib doch det Kind (Dativ) die Bulette; bei die Kälte jeh ick nich aus; 'n Jlas juten Wein; det is nich wie bei arme Leute.

Die Deklination des Personalpronomens sieht so aus:

Nominativ:								
	ick	*du*	*er*	*sie*	*et*	*wir*	*ihr*	*sie*
Genitiv:								
	von mir	*von dir*	*von ihn*	*von ihr von sie*	*von uns*	*von euch*	*von ihn*	
Akkudativ:								
	mir	*dir*	*ihn*	*ihr (sie)*	*uns*	*euch*	*ihn*	

Während beim Substantiv der Akkudativ, der sowohl Akkusativ wie Dativ ausdrückt, die Form des Akkusativs hat, hat er beim Pronomen der ersten und zweiten Person die Form des Dativs, d.h. mir und dir.

Wenn man also sagt, der Berliner verwechsle mir und mich, so ist das falsch; die Formen mich und dich sind nicht berlinisch; man merke sich schlicht die Regel: Der Berliner sagt immer »mir«, ooch wenn't richtig is.

Ein Beispiel: Auf der Plattform einer Straßenbahn sagt ein älterer Herr mitleidig zu einem Jungen, der einen heftigen Schluckauf hat: »Na, hast dich wohl verschluckt, Kleiner?« Darauf der Junge: »Nee, ick bin noch da.« – Die Antwort des Jungen ist eine Kritik an dem falschen Berlinisch des Herrn. Richtig hätte es nämlich heißen müssen: »Haste dir verschluckt?«

Bei der dritten Person Singular des weiblichen Personalpronomens schwankt der Gebrauch zwischen ihr und sie, bzw. zwischen ihn und sie: Er jeht mir ihr, oder: Er jeht mit se. Einem jungen Mann, der sein Mädchen allzu eng umfaßt, ruft man vielleicht mahnend zu: Jehste von se! Ick hab Ihn' jarnich jesehn, Herr Meyer.

Statt dessen sagt man: den sein, statt wessen aber: wem sein. Wem sein Mantel is'n det? Antwort: Mein seiner! Eine eigene Berliner Bildung ist sone. Et jibt sone und solche, aber meist fügt man hinzu: aber sone mehr wie solche. Die Pluralbildung gebraucht gern die Endungen: -s: die Jungs, Kerls, Meechens, bzw. -er: die Dinger, Viecher, Sticker ßehne (Zehne) bzw. -n: die Fenstern, die Stiebeln. Die Pluralform von Aas heißt Eeser, von Laus: die Lause.

Überhaupt die Lexik. Sprachschöpferisch ist der Berliner immer vorneweg. Hauptsache die Bezeichnung ist witzig und trifft ins Schwarze. Fangen wir mit dem Äußeren an: Ein kleiner, dicker Mensch ist ein Pfannkuchen mit Beene; ein langer eine Hopfenstange, ein langes Jehopse oder ein volljefressner Bindfaden; ein Schwächling ein Windbeutel oder ein lebendiges Krematorium; ein Schwatzhafter eine wandelnde Litfaßsäule, ein Geizhals ein oller Knickstiebel. Die körperlichen Gebrechen seiner Mitmenschen treiben mitunter üppige Blüten. Ist jemand verwachsen, so schielt er mit die Schulter; wer schielt, der pliert mit de Oogen; ein Pockennarbiger hat mit's Jesicht uff 'n Rohrstuhl jesessen. Die Augen nennt der Berliner Luken oder Linsen;

kleine Augen sind Sardellenoogen, runde Kullerchen. Die Nase ist sowohl Jesichtserker, Bolle, Zinken; wenn sie rot ist Kupferbergwerk; weist sie nach oben, dann ist sie eine Stulpneese, Juchheijurke, Himmelfahrtsknolle; dicke Nasen sind Riechkolben, Lötkolben, Flunschneesen. Hat jemand eine große Nase, dann sagt man: Mit die Neese kannste ja Jroßmuttern aus de Erde buddeln; bei einer breiten: Uff deine Neese ham se woll Steene jekloppt ... Der Mund ist: Rand, Fresse, Klappe, Schnute, Dreckschleuder, Schnauze. Bei einem breiten Mund: Mensch, hat der 'n Maul, der kann sich alleene wat in't Ohr sagen, auch: Der kann Sparjel quer rinstecken.

Unerschöpflich sind des Berliners Ausdrücke für Beine, worunter er auch die Füße zählt, die er vielleicht noch gesondert Mauken nennt, aber Käsebeene sind ja eigentlich Schweißfüße. Sonst gibt es da noch: Klapperbeene, Spazierstöcke, Jestelle, Storchenbeene, O-Beene, X-Beene, Sparjelbeene, Romanbeene (erst loofen se zusammen, denn loofen se auseinander, und denn loofen se wieder zusammen).

Diese Ausdrücke wechseln häufig, Es kann passieren, daß man in Dahlem andere Bezeichnungen häufiger verwendet als in Hellersdorf. Das Moabiter Berlinisch unterscheidet sich von dem Friedrichshagener ganz entscheidend. Mitunter haben einzelne Straßenzüge eigene Bezeichnungen. Aber das wollen Sie gewiß selbst einmal feststellen.

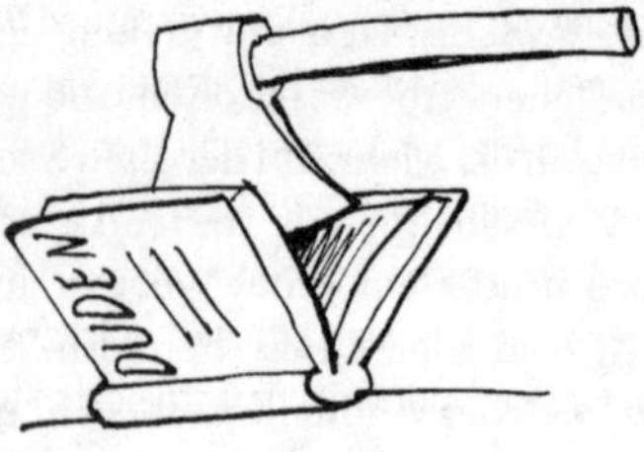

Hardy Worm

Mensch, wat is'n mit dir los?

Der Berliner ist überall als Großschnauze verschrien. Seine Kritik, mag sie noch so sachlich sein, wird für Überhebung und Frechheit, seine etwas schnoddrigen Redewendungen werden für Gefühlsroheit gehalten. Ich gebe gern zu, daß man oftmals in der Provinz auf sogenannte Berliner stößt, die sich taktlos, aufdringlich benehmen und so Mißfallen erregen, aber diese Berliner sind keine Berliner, sondern Zugereiste, die sich in der Reichshauptstadt noch gar nicht akklimatisiert haben. Der echte Berliner ist ein ganz prachtvoller Kerl. Er ist witzig, gutmütig, derb und stark kritisch veranlagt. Das wahre Spiegelbild des Berliners ist seine Sprache, sind seine Redensarten und Schlagworte, die sofort den Kern der Sache treffen und eine gute Beobachtungsgabe verraten. Wenn er zum Beispiel eine Wanze mit einer Tapetenflunder vergleicht oder den Hochbahnbau mit einem Magistratsregenschirm, so sind das Vergleiche, die gar nicht treffender sein können. Solche Schlagworte werden eine ziemlich unbeschränkte Lebensdauer haben, während viele, die im vorigen Jahrhundert geprägt wurden, heute fast gar nicht mehr bekannt sind, vielfach nicht mehr bekannt sind, weil die Einrichtungen, mit denen sie sich befassen, nicht mehr bestehen. Aber im großen und ganzen hat auch unsere Generation die Mehrzahl der alten Schlagworte übernommen, weil sie so überaus treffend sind. So mancher Tag weht uns mitunter ein neues Wort zu, und dieses Wort verankert sich und bleibt bestehen. Ein ganz treffendes Beispiel, mit welcher Schnelligkeit sich ein Schlagwort verbreitet, bietet der Ausdruck »knorke«.

Dieses Wort wurde in meinem Beisein von einem Journalisten in einer übermütigen Laune geprägt, nach acht Tagen

in die Presse lanciert, und kaum waren vierzehn Tage vergangen, so tönte einem überall das liebliche Wort »knorke« entgegen, worunter der Berliner eine gelungene, gediegene Sache versteht. Eine graziösere Abart von »knorke« ist der ganz neue Ausdruck »knispe«. »Knispe« ist etwas raffiniert Gelungenes. Nun sagen diese Ausdrücke an sich sehr wenig. Sind etwas nicht Vorstellbares. Viel schöner und wertvoller sind natürlich die Schlagworte, bei deren Ausspruch sich sofort ein Bild aufdrängt. Also: Angströhre für Zylinderhut. Melone, Dunstkiepe oder Lausekaserne für den halbrunden Hut oder Schnauzenhobel und Schnauzenorjel für Mundharmonika.
Viele unserer alten Redensarten sind nicht deutschen Ursprungs. Das Wort Fatzke zum Beispiel hat folgende Geschichte: So um 1840 herum wurde in einem Berliner Theater das Stück »Vasco da Gama« gegeben. Dieser Vasco war in dem Stück kein berühmter Seefahrer, sondern ein Trottel, der das Publikum überaus belustigte und das Tagesgespräch Berlins bildete. Aus dem Wort Vasco machte der Berliner bald Fatzke. Auch das heute noch gebräuchliche »etepetete« rührt wahrscheinlich von »être peut-être« her. Und das schöne »menaschieren«, das immer noch herumspukt, stammt von »ménager«. Aber diese Schlagworte fremdsprachigen Ursprungs bildeten stets nur einen ganz geringen Prozentsatz des Berliner Sprachschatzes.
Der Bildungsreichtum des Berliner Dialekts ist geradezu verblüffend. Da steigt man also sonntags früh aus der Flohkiste, wischt sich die Himmelfahrtsknolle und putzt sich die Fresse. Nachdem man die Lorke getrunken hat, bietet man seinem Magen noch etwas Warmes an, man steckt sich nämlich eene Jiftnudel, eenen Jlimmstengel oder eene Stinkadores in die Volksspeiseanstalt und trudelt los zum Frühschoppen. Im Saftladen ist schon alles versammelt. Da sitzt

Max aus Reinickendorf, den man Chausseefloh oder Jummiquetscher nennt. weil er sich im Besitze eines Hämos (Fahrrad) befindet. Auch Fritze sitzt wieder da, er sieht aus wie Braunbier und Spucke und lejt Hundehaare uff, weil er am Sonnabend wieder voll war wie 'ne katholische Kirche. Im letzten Momang kommt der grägenklietrige Willi. Der hat schon verschiedene Ecken mitjenommen und ist stark anjejangen. Dann setzt man sich und verlötet einen. Fritze

gluckt da wie Nieselpriem. Willi hat natürlich Lippendiarrhoe und quatscht sich die Schnauze fusselig. Plötzlich jibt's in eener Ecke Stunk, da werden welche breeter wie't Hemde und pflaumen sich an. So 'n kleena Dicka, der aussieht wie Pfannkuchen mit Beene und so 'n volljefressna Bindfaden, so 'n langet, spillrijet Ding, dem man das Vataunsa durch die Backen blasen kann.

»Mensch, such dir 'n Platz aus, wo de liejen willst.«

»Dir knall ick jejen de Wand, det de kleben bleibst und de Mordkommission dir abkratzen muß.«

»Du nich! Dir hau ick uff 'n Kopp, det de Läuse piepen.«
»Und ick lej dir 't Ooje uff 't Schmisett.«
Mischt sich nun ein Dritter ein, so zieht er sich den Zorn der beiden Streitenden zu, die behaupten, et jeht keenen wat an, wenn se sich jemietlich unterhalten. Zum Schluß gießen sich alle drei einen hinter die Binde.
Und das ist das Schöne am Berliner. Er meint es ja gar nicht so, wie er es sagt. Solange er schimpft, schlägt er nicht. Er will den andern bloß jraulich machen. Er schimpft gern, er übertreibt, er spuckt einen ganzen Schwarm von Schimpfworten aus und macht den andern so klein und häßlich, aber schließlich brabbelt er bloß noch, und schon kribbelt's ihm in der Hand, sie dem andern zur Versöhnung hinzustrecken. Wer aus den saftigen Schimpfworten auf eine Gefühlsroheit des Berliners schließen wollte, ist auf dem Holzwege. Der Berliner ist sogar sehr gemütvoll und hilfsbereit. Diese Beobachtung kann man tagtäglich auf der Straße machen. Aber schließlich erheben ja nur diejenigen gegen den Berliner Vorwürfe, die ihn nicht kennen oder die zu dumm sind, sich in seine Psyche zu versetzen.
Man kann im Rahmen dieses Aufsatzes nur Dinge streifen, die man gern ausführlich behandeln möchte. Es wäre noch sehr viel über den ironischen, schlagfertigen, kritischen, derben, gemütlichen und fleißigen Berliner zu sagen.
Aber das meiste sagen wohl die Schlagworte, von denen ich einige hier aufzählen möchte: für Klavier hat der Berliner die schöne Bezeichnung Drahtkommode und Knautschorjel. Ein Lippentriller ist ein Likör, während der Schnaps mit dem Ausdruck Rachenputzer belegt wird.
Ein etwas schwerfälliger, verträumter Mensch ist ein Nieselpriem, eine Transuse, Dromtille oder ein Trauerkloß.
Wiesenpieper = kleine Mädchen.
Ferdeoojen in Jelee = Austern.

Wimmerschinken, Polkaschinken = Mandoline.
Schmalz-Amor (Ammi) = fetter Bräutigam.
Von einem Menschen, der viel redet, sagt der Berliner, er sei eine Quasselstrippe, ein Sabberfritze.
Oderkähne, Quadratlatschen, Kindersärge sind große Stiefel.
Eine nach oben zeigende Nase ist eine Juchheijurke, in die et rinnrejnet, oder eine Himmelfahrtsneese.
Man kann jemand uff de Beene helfen, uffs Dach steijen oder vorn Latz knallen. Ein Doowitz ist ein Mensch, dem sie's Jehirn jeklaut haben, den sie als Kind zu heeß jebadet haben. Manchmal hat der Ärmste einen Webfehler.
Etwas ungalant geht der Berliner mit älteren, streitsüchtigen Frauen um. Sie sind Spinatwachteln, Zopplerschen und olle Krähen.
Beim Berliner klappt's wie im Pantinenkeller. Er piept nich uff 'n Kalmus und kraucht ooch nich uff 'n Leim. Er läßt sich keen Bonbon ans Hemde kleben, weil er Haare uff de Zähne hat und keener bei ihm uff 'n Topp kommt.
Diese Schlagworte, die in den Kneipen, auf der Straße, in den Arbeitsräumen entstehen, sind ein unversiegbarer Quell. Selbst in den traurigen Kriegsjahren, in den Zeiten der Inflation tauchten Worte auf, die die bestehenden Verhältnisse treffend charakterisierten und doch von einer unverwüstlichen Lebensbejahung zeugten.
Wir echten Berliner jedenfalls werden uns auch in Zukunft nicht auf den Schlips treten lassen, wir wollen stolz sein auf unsere Stadt, die emporblüht, und wir wollen auch stolz sein auf unseren herrlichen Dialekt.

1927

Heinz Knobloch

Mit Ruheort

Im überfüllten Bus, mit schwerwiegendem Einkaufsbeutel haltsuchend, die Linden entlang in Richtung Alex, stehe ich gebeugter als sonst. Bin mir durch die Scheiben Stadtbilderklärer. Übe mich vorsorglich. Kann man wissen? Sehen Sie bloß zu! Sehen Sie nicht bloß zu.

Im Vorbeifahren am Lustgarten ist die lateinische Inschrift zu buchstabieren: FRIDERICUS GUILELMUS III STUDIO ANTIQUITATIS OMNIGENAE ET ATRIUM LIBERALIUM MUSEUM CONSTITUIT MDCCCXXVIII. Da ertönt hilfreich die Stimme des Inschriftendeuters. Eine selbstverständliche Neuerung in jedem Linienbus. Fließend übersetzt er den Fahrgästen: »Friedrich Wilhelm III. hat dem Studium jeder Art Altertümer und der freien Künste diesen Ruheort gestiftet 1828.« Das ist Schinkels Lesart. Sein Lateinlehrer hätte ihn dafür getadelt. Wie kann man »Museum« mit »Ruheort« übersetzen! Wir sind doch nicht dazu auf der Welt und in der Hauptstadt! Weil er aber Schinkel war und das Museum gebaut hat, durfte er »Ruheort« sagen.

So einfach war das nicht mit der Dachzeile in Gold. Ihr Latein hatte zwar der ruhmreiche Archäologe Hirt zusammengefügt, aber das Kultusministerium, weil es nicht gefragt worden war, äußerte Bedenken. Damals konnten alle, die mitredeten, etwas Latein. Und es gab viele Besserwisser. So kam es zu einem Gedankenaustausch, an dem Experten wie Tieck, Schleiermacher und Alexander von Humboldt beteiligt wurden. Man hörte Gutachten und Verbesserungsvorschläge. Wir späte Betrachter solchen Vorgangs könnten meinen, das Komplizierteste an einem Bau sei die Inschrift.

Nachdem sich beinahe jeder für eine Änderung des Textes

ausgesprochen hatte und eine neue Fassung empfohlen, kam die Sache zum Glück unter die Augen des Finanzministers. Den interessierte nicht, was da geschrieben stand, sondern was das Blattgold gekostet hatte. Und er nannte es zu teuer, um die Schrift wieder ändern zu lassen. Außerdem hatte sich der König gerade wieder neue Zierstreifen für ein Regiment ausgedacht. Das Geld mußte aber auch noch für Patronentaschen reichen.

Auf diese Weise blieb der Menschheit die von Schinkel bevorzugte Inschrift erhalten. Und wenn wir sie gebührenfrei betrachten dürfen und lesen, gedenken wir froh der kulturfördernden Rolle des Geldmangels.

1996

Renée Zucker
Die Schnauze

Berlin ist deshalb die Heimat der Schnauze, weil das Gespräch mit einem echten Berliner meistens aus dessen Monolog besteht. Der Monolog speist sich vornehmlich aus Meckern über den Ist-Zustand und der prahlerischen Gewißheit, daß man Icke bloß mal ranlassen müsse. Zuhören gilt nich! Aber wie jede Angelegenheit hat auch die Schnauze ihre zwei Seiten. Die eine, die gute und schöne Schnauze ist phantasievoll, schlagfertig und immer für eine Überraschung gut. Sie zeigt keinen Respekt vor Obrigkeit und Tabus. Sie fürchtet weder Tod noch Teufel. Sie präsentiert die rauhe Schale und besitzt doch einen schmelzweichen Kern – diese Berliner Schnauze kennen, heißt sie lieben. Die andere Seite dagegen ist dumpf und aggressiv. Diese Schnauze demonstriert ihre blöde Ignoranz mit lautem Stolz. Sie beschränkt sich auf die eigene Laube, das eigene Auto, den eigenen Hund – Hauptsache eigen.

Eine Begegnung mit der ungeschminkt häßlichen Bösartigkeit dieser Berliner Schnauze kann einen durchschnittlich empfindsamen Menschen für den ganzen Tag in existentielle Depressionen stürzen. Die zwei Seiten eines Gegenstandes kann man allerdings nur sehen, wenn dieser Ge-

genstand spielerisch bewegt wird. Dieses Glück hat die Berliner Schnauze selten.
Im Sommer 1995 schafften es ein bulgarischer Künstler und seine französische Gattin mit der Verwandlung eines Gebäudes. Da gab die liebe Schnauze endlich Ruh, blieb eine Weile offen vor Staunen und nannte das Gebilde zärtlich »Kohlroulade«. Wunder soll es ja immer wieder geben – sobald sie aber der Schnauze begegnen, kann man froh sein, wenn die das überhaupt bemerkt.

1997

Die Umgebung von Berlin ist ein Sandmeer. Wer dort eine Stadt erbaut hat, muß vom Teufel geplagt gewesen sein.

Stendhal

Ne scheene Jejend is det hier

Am Anfang war das Wasser. Mittenmang einige Inseln. Der erste Berliner – wahrscheinlich slawischer Herkunft – nannte kurz entschlossen das, was vor ihm lag »berl« – Sumpf. Und gründete auf der rechten Spreeseite ein Fischerdorf, während auf der linken Seite des Flusses, die noch tiefer im Sumpf steckte, Häuser auf Pfählen (den ebenfalls slawischen »kol«) errichtet wurden. Diese Häuser nannte man »kolne«, woraus dann später Kölln wurde.

Es gibt allerdings auch andere Versionen der Namensgebung, über die sich regelmäßig Historiker und Stadtführer in die Haare geraten. Einig ist man sich aber inzwischen allerorten, daß der Name Berlin slawischen Ursprungs ist, wobei in Köpenick und Spandau wohl mehr Slawen als im damaligen Berliner Sumpf saßen, denn da war's trockener. Bei Kölln behaupten nicht wenige Unentwegte, daß der Name auch von den frühen »Wessis« aus der flandrisch-westrheinischen Gegend mitgebracht worden und vom lateinischen »colonia« abgeleitet sei.

Geprägt wurden die Gene der Berliner jedenfalls vom Wasser. Ob Fluß oder See, Tümpel, Weiher oder nur simpler Pfuhl – dem Berliner schauerts wohliglich beim Anblick wellenbewogten Nasses, und er packt sogleich die Badehose ein, wenn es am Wochenende schön zu werden verspricht. Wohlweislich hat er die beiden größten Seen an der Peripherie belassen – aber natürlich eingemeindet. Großer Wannsee und Großer Müggelsee sind beliebte Badeseen und der Berliner ganzer Stolz. Immerhin ist das Strandbad Wannsee die größte Seebadeanstalt Europas.

Der Berliner hat ein sowohl sentimentales als auch recht hemdsärmeliges Verhältnis zur Natur. Während der Sachse naturbelassene Sonnenuntergänge am Wasser mit einem gefühlsseligen »Glei ditschtse nein« genießt, assoziiert der Berliner mit der Natur immer Eigenschaften seiner Nächsten: »Mannomann, kiek dir bloß den Mond an! Der blakt wie Opa'n seine Platte!« Oder wenn ihm eine Raupe ins Bierglas fällt, während er im Biergarten Natur pur inhaliert: »Nun wird et aba mit Macht Somma!« Der Biergarten ist sowieso des Berliners Inbegriff vom Einssein mit der Natur. Hat er hier doch alles beisammen: Labsal für Seele und Bauch. Wat will der Mensch mehr! Um die Entsorgung des Mitgebrachten macht er sich ebenfalls wenig Sorgen. Und so hat sich für das, was der Berliner so an Abfall fallen- und liegenläßt, der schöne Begriff »Berliner Edelweiß« oder auch »Berliner Gold« eingebürgert.

Schon seit der Erfindung des Müßiggangs Anfang des letzten Jahrhunderts hat es die Berliner hinaus int' Jrüne gezogen. Beliebtester Treffpunkt war vor und nach den napoleonischen Kriegen der Tiergarten. Hier ging der Bürgersmann mit seiner Bürgersfrau am Sonntag mittag spazieren, grüßte artig den stets etwas grämlichen König Friedrich Wilhelm III. und erfreute sich an Baum und Borke. Der meistbesuchte Ausflugsort war Charlottenburg, wo auch viele Wohlhabende eine Sommerwohnung hatten, die sich dadurch auszeichnete, daß sie enger, feuchter und unbequemer waren als die Stadtwohnungen. Aber dafür war man eben in der Natur.

Um auch die Wanderer an den Segnungen Charlottenburgs teilhaben zu lassen, standen am Brandenburger Tor lange Reihen von Wagen für zehn bis zwölf Personen, die dann an die fünf- bis sechsmal nach Charlottenburg hin- und zurückfuhren. Manche der tierliebenden Ber-

liner Fuhrleute kauften sich extra zu diesem Zweck ein erbärmliches Pferd für fünf Taler, das nach der strapaziösen Tour sofort in die Abdeckerei kam. Der Gewinn war beträchtlich. Meist warteten die Kutscher solange, bis der Wagen voll war, und so zeigt uns eine der bekanntesten Lithographien von Theodor Hosemann einen dieser typischen Berliner Fuhrleute, der seinen Wagen vollkriegen will: »Immer ran, Herr Baron, et fehlt nur noch eene lumpigte Person!« Erst um 1820 kamen Droschken auf. Am bekanntesten wurde ein gewisser Herr Kremser, dessen Gefährte vier Personen Platz boten und der auch eigene und propere Pferde verwandte. Anfangs nutzte Kremser noch omnibusartige Personenwagen, die besonders beliebt waren und als Verlobungsgondel bezeichnet wurden. Für zwei Groschen fuhr man damit vom Brandenburger Tor zum Spandauer Bock an der Spree, an deren Ufer zwei beliebte Bierlokale, der »Bock« und die »Zibbe«, auf den Durstigen warteten. Auf der Rückfahrt war das Wageninnere spärlich beleuchtet. Wegen des Windes wurden die Vorhänge zugezogen, manchmal gingen die Ölfunzeln aus. In einer Alt-Berliner Posse wird diese meist abendliche Rückfahrt so geschildert: »Wie wa instiejen, nannt' ick ihr ›jeehrtet Fräulein‹, an't Türkische Zelt schon ›liebet Kind‹, un' wie wa an't Brandenburger Dhor aus de Valobungsjondel rauskrochen, sagte ick zu ihr ›Komm, sißa Schatz, ick heb' dir raus!‹«
Im östlichen Teil Berlins waren besonders Stralau und Treptow beliebte Ausflugsziele, »wo Familien Kaffe kochen konnten«. Da es in Preußen eine Gewerbeordnung gab, die genau festlegte, was ausgeschenkt werden durfte und wer dafür ein Privileg hatte, waren zuerst findige Sachsen in Treptow auf die Idee gekommen, in ihren Gärten heißes Wasser anzubieten. Den gemahlenen Kaffee brachten sich die Besucher selber mit. Heißes Wasser auszuschenken verstieß schließlich nicht gegen die preußische Gewerbeordnung. In Stralau war neben dem Fischessen (Aal grün mit Gurkensalat) das Fahren auf Segelbooten und Kähnen sowie das Baden ein beliebter, wenn auch nicht ungefährlicher Zeitvertreib, dem alljährlich eine statt-

liche Zahl von Gästen zum Opfer fielen. Einzigartig in der Stadt war wohl deshalb auf dem Stralauer Kirchhof die besondere Gräberreihe für im Fluß Ertrunkene.

Mit Stralau verbindet sich auch das einzige populäre Berliner Volksfest, der Stralauer Fischzug. Kurfürst Johann Georg hatte 1574 den Bartholomäustag am 24. August zur Eröffnung der Fischerei bestimmt und gleichzeitig festgelegt, daß der Ertrag der ersten vier Fänge an diesem Tag dem Stralauer Pfarrer gehöre. Als Entschädigung erhielten die Fischer vom Pfarrer und vom Rat Berlin eine Tonne Bier und ein einfaches Essen. Daraus entwickelte sich so nach und nach das beliebteste Berliner Volksfest, zu dem tout Berlin einschließlich Kronprinzen strömte, bis man Mitte des neunzehnten Jahrhunderts von der »Berliner Bartholomäusnacht« sprach und mit einem eher weinenden als lachenden Auge quittierte, daß neun Monate nach dem Fischzug die Geburtenrate sprunghaft anstieg. 1873 wurde der Fischzug verboten, und auch Wiederbelebungsversuche 1923 und in jüngster Zeit haben den alten Glanz nicht wieder herstellen können. Aber immerhin war »Der Stralauer Fischzug« von Johann Heinrich Voß 1821 die erste Lokalposse im Berliner Dialekt und ein großer Publikumserfolg auf der Königlichen Opernbühne

Die Liebe zum grünen »jwd – janz weit draußen« hat sich der Berliner bis heute bewahrt, obwohl es inzwischen weit über Charlottenburg oder Treptow hinausgeht, hat doch Berlin als einzige Hauptstadt Europas den unschätzbaren Vorteil, daß man unmittelbar vor den Toren der Stadt sofort »im Grünen« ist.

Erich Kästner

Kleinstädtisches Berlin

Es gibt Dichter, die – weniger aus innerer Nötigung heraus, als weil es ihnen zeitgemäß erscheint – die *Großstadt* besingen. Sie bauen lange, kurze und einander parallele Verszeilen, als wären's Straßen; dann fassen sie solche rhythmischen Reihen zu verschiedenen strophischen Stadtvierteln zusammen und beleben ihre papiernen Städte mit dem Geschrei und Geklingel rücksichtsloser Reime. Und zum Schluß werfen sie, diese lyrischen Stadtbauräte, sich selber in den Trubel ihrer poetischen Stadtschaften, wandern auf ungleichen Versfüßen und mit wirrem Haar darin herum und behaupten etwa:

Zehntausend Frauen streifen mein Gesicht –
Der Schlund der Stadt verschluckt sie ungestüm!
Die Nacht ist blau und grenzenlos und voller Licht.
Ich aber steh im Dunkel, fremd und anonym ...

Diese Herrschaften übertreiben maßlos! Sie suchen es sich zu erklären, daß sie so bedauernswert klein und niedlich sind, und schieben es auf die Größe der Großstädte. Sie wollen den Eindruck wecken, eine Großstadt sei ein »ganzheitlicher« Komplex, und irren sich, mindestens. Eine Stadt wie Berlin besteht aus einer *Zahl von Städten,* deren jede nicht mehr als drei-, vierhunderttausend Einwohner hat: Bayrisches Viertel, Zentrum, Schlesisches Viertel, Wilmersdorf usw. Innerhalb dieser Bezirke kennt man einander genauso wie in Chemnitz oder Brünn; in diesen Bezirken ist man genauso einheimisch wie anderswo; sie sind lediglich in den Namen »Berlin« eingemeindet, diese Bezirke. »Berlin« existiert – überspitzt formuliert – zwar auf Steuererklärungen und anderem Papier, nicht aber in der Gefühlssphäre der Einwohnerschaft. Der Wilmersdorfer, der ins Zentrum fährt, überschreitet eine imaginäre Grenze: Er unternimmt eine Reise, welcher nichts als die Ausdehnung fehlt.

Nur so ist es erklärlich, daß die Berliner – auch wenn sie niemals fort waren – einen weitgereisten Eindruck machen und sich trotzdem und im übrigen von anderen Menschen, Bürgern und Beamten nicht unterscheiden. Nur so erklärt es sich auch, daß in Berlin Dinge geschehen, die jeder *Kleinstadt* zur Ehre gereichten. Auch hier gibt, beispielsweise, spaßhafte Gründlichkeit oft genug saftigen Anlaß zu gründlichem Spaß. – So wurden dieser Tage einer ahnungslosen, biedern Frau auf dem Einwohner-Meldeamt Bombenvorwürfe gemacht, weil sie sich nicht umgemeldet habe. »Ich bin ja aber gar nicht umgezogen«, wandte sie ein. Der Beamte schaltete den dritten Gang ein und schnauzte, nichtsdestoweniger habe sich ihre Adresse verändert! »Das stimmt«, gab sie zu, »trotzdem wohne ich noch im selben Hause. Es ist ein Eckhaus, Herr Sekretär, und da hat man den bisherigen Haupteingang vermauert, und nun müssen wir eben von der andern Seite her ins Haus.« – Der Beamte sagte, das wisse er alles. – »Ja, aber«, rief die Frau aus, »es ist doch dasselbe Haus, und es ist noch dieselbe Wohnung wie immer!« – Dennoch habe sie die Ummeldung versäumt und sich spürbaren Strafen ausgesetzt. Von Glück könne sie reden, solch einen nachsichtigen Beamten getroffen zu haben.
Sollte diese kleine Begebenheit eine Moral haben, so nur die: daß es in Schilda und in Berlin gefährlich ist, Eckhäuser zu bewohnen. Denn hier kann einem nachgewiesen werden, man sei aus- und wieder eingezogen, obwohl man sich nicht aus dem Hause rührte.

Im Westen Berlins und in Wilmersdorf kann man seit kurzem an den Litfaßsäulen einen Anschlag lesen, der allenthalben Verwunderung erregt. Diese westlichen Stadtviertel sind wegen ihres vornehmen cottageartigen Gesamteindrucks beliebt. Die Häuserzeilen stehen blitzsauber da, und die Bewohner wissen über Literatur und Börsentips ungleich besser Bescheid als über den Unterschied von Tanne und Fichte. Und wenn überhaupt, so kommen hier jene Kinder zur Welt, die der Ansicht sind, der Wagen sei ein Körperteil des Pferdes. – Und in dieser Gegend ist also an den Plakatsäulen zu lesen:

»Bekanntmachung
Betrifft: Körung von Ziegenböcken

Abweichend von der in den vorhergehenden Jahren angeordneten Vorprüfung der Böcke werden die Körungen in diesem Jahr in den Ställen der Bockhalter vorgenommen. Körpflichtig sind alle Ziegenböcke, welche zum Decken oder Deckversuch fremder Ziegen, sei es unentgeltlich oder gegen Bezahlung, verwendet werden. Bei den vorzuführenden Altböcken sind die Sprungbücher, bei den Jungböcken die Deckscheine vorzulegen. Das Körgeld beträgt 3 Reichsmark.« Usw.

Vor den Anschlagsäulen spielen sich Szenen ab. Kein Mensch weiß, was Körung ist; aber jeder will es wissen. Gute und böse Witze werden gemacht. Ein Wilmersdorfer will sogar das Lexikon (Band »Itzenplitz bis Lemure«) mitgebracht und, unter großem Hallo, der Menge verkündet haben, was Körung sei.

An diesen ländlichen Tatbeständen ändert es nichts, daß gerade die Blumenfrauen, die aus der Umgebung kommen und den Tauentzien beleben helfen, großstädtische Allüren annehmen. Eine dieser ländlichen Frauen hatte ein Schild an ihre Blumenkörbe geklebt, das Propagandaerfahrung bewies. Es stand darauf: »Heute lezter Tag groser Wicken-Ausverkauf, 10 Prozent Rabat.«

1927

Rainer Gustav Schmidt

Berliner Forsten

Die Gegend wird nur unter den mühseligsten Verrenkungen zusammengehalten. Der Vogelgestank ist schon nicht mehr zu überhören. Die Schonungen erflehen Schonung. Wenn die Wege nicht wären, sackte der ganze Kram im Nu ab, da feiner Sand, und die Waldwandervereine hätten das Nachsehen.

Querfeldein sind Sittenstrolche verstreut, damit der Schreckensnachrichtenfluß in den Zeitungsköpfen nicht austrocknet. Der Wind zieht prächtig über die Grashalmkuppen her, die sich mir nichts dir nichts breitmachen. Die Spaziergänger sind vorsorglich angeleint, damit die Rabatten nicht beschmutzt werden.

Der Hirnhauthäuptling wetteifert mit den Zeckenschwärmen, die sich zu Tausenden zum Aderlassen anstellen. Auf dem Boden: leere Zigarettenschachteln lauern mit klaffenden Öffnungen auf Opfer. Alte Frauen sind gefährdet. Die Vatermörder schreiten die Festmeter Holz ab, damit die Weihnachtsbäume mit der Bevölkerungsstatistik in

Deckung geraten. Baumstrünke, sehr dekorativ, das Wohnzimmer Wald, die kalten Dackelschnauzen aus den ehrbarsten Gesichtern, die hingeschmissenen Tempotaschentücher, die nachgelassenen Kiefernadeln.
Ein Schrei aus Richtung Grunewaldsee: schnell kristallisiert zum Kilometerstein: Clayallee 1,1 km.
Die langhalsigen Kiefern schunkeln in der Sonnenbrühe. Das Vogelglitzern steigt jetzt durch die Äste hindurch, wird förmig. Die Wege bestehen auf ihrem Standrecht. Die berittene Polizei umrundet den See, damit er nicht aus dem Rahmen fällt. Das Wasser des Sees ist in Wasserfarben gehalten, stellenweise stinkt es, was nicht verwundert bei den Abgasen, die die Haubentaucher und Bläßhühner verursachen. Motorboote dagegen wären wesentlich umweltfreundlicher.
Im Wasser treiben halbgelesene Kriminalromane. Auf den Körpern der Badeopfer sind an verschiedenen Stellen Sichtblenden angebracht, darunter beginnt Privatbesitz. Die ausgesparten Teile tummeln sich auf der gegenüberliegenden Seeseite. So erklärt sich das Phänomen des Unterleibs ohne Frau. Abends kassieren die Förster ab und sammeln liegengelassene Geschlechtsteile ein.
Jetzt schlägt der Tag beschämt die Ohren über dem Kopf zusammen und läßt die Sonne herunter.
Morgen wird Sand nachgeliefert, morgen kommt die Sonne ein Stück dicker heraus, morgen werden die Kiefern gemolken und die Unterleibskranken hermetisch abgeriegelt. Morgen machen die Enten Formationsschwimmen und die Rotte Korah wird exemplarisch ersäuft.
Morgen wird der Wald wieder aufgefrischt und auf seine Rechte hingewiesen. Die Waldwege werden festgesteckt und die fortgelaufenen Kilometersteine wieder eingefangen. Die Papierkörbe werden geleert und die Spaziergänger neu auf-

gefüllt, denn der Grunewald soll ein lebendiger Wald bleiben. Die Vogelstimmbänder werden neu eingestellt, neue ausgeleerte Zigarettenpackungen werden über den Wald verstreut, damit die Zigarettenpackungssammler nicht leer ausgehen. Jeder soll seine Freude haben.
Berlin ist eine grüne Stadt. Eßt mehr Grünkohl.

1977

Wiglaf Droste
Die Panda-Peepshow

Zu Ostern 1995 fand die Berliner Bevölkerung nahezu ideale Paarungsbedingungen vor: vier Tage frei bei naßkalter Witterung ... ganz prima hätten sie alle in ihren Bettchen bleiben können, kuscheln, sich löffeln, unter der Decke aneinander krabbeln, das Ranrobbensterben verhindern helfen, die ganze Richtung.
Doch der Berliner, er ist nicht so: Sich wechselseitig lauter freundliche Dinge tun, das behagt ihm nicht – er liefe ja auch Gefahr, sonst eventuell seine schlechte Laune zu verlieren.
So also wuchteten die Berliner wie gewohnt ihr unruhiges Fleisch aus den Betten und machten die Stadt mit sich voll. Gleich knapp hunderttausend von ihnen ließen sich durch einen besonders krassen Fall von Sextourismus nur allzugern in den Zoo locken: Yan Yan, eine neunjährige Pandabärin, war von Peking nach Berlin verschleppt worden, um Bao Bao, einem seit elf Jahren im Zölibat lebenden Pandamännchen, demnächst zu Willen zu sein, und das, obwohl Bao Bao einschlägig als sexuell aggressiv bekannt ist: Nach dem zoologisch ausgeheckten Versuch, ihn in London

mit einer Pandabärin namens Ming Ming zu paaren, mußte jene aufgrund von Tatzenhieben und Bissen vom Veterinär behandelt werden.

Dasselbe Schicksal droht nun auch der Leihmutter in spe Yan Yan, und exakt diese Aussicht lockte die Berliner in fast sechsstelliger Zahl vor die Tür. Zugeführt – anders kann man das nicht mehr nennen – wurde die junge Pandabärin ihrem rohen Gatten vom ideellen Gesamtberliner: Eberhard Diepgen, bekannt als »Das Diepgen«, machte persönlich den Luden und rühmte sich, schon im Flugzeug ausgerechnet eine Möhre an Yan Yan verfüttert zu haben; ja, der Phallokrat verstieg sich sogar zu dem Versprechen gegenüber der Berliner Bevölkerung, daß es diesmal mit der Fortpflanzung bei den Pandas »garantiert klappen« werde – da wird aus dem regierenden der erigierende Bürgermeister, der, wenigstens in seiner Phantasie, einmal etwas anderes hochkriegt als den rechten Arm.

Bao Bao aber sitzt nur da und macht es frei nach Robert Gernhardt: »Der Pandabär, der holt sich munter/einen nach dem andern runter.« Und die Berliner peepen und kieken, als wär es auf Wiejo, und dann begneisen sie ihre Ehemänner und Ehefrauen und denken: Hähähä, dir werd ich's heute mal wieder so richtig nicht besorgen, hähähä ... Aber *warum* die Berliner lieber Tieren auflauern, um ihnen beim Ficken zuzukucken, als es selbst zu tun, das ahnt wohl nicht einmal Oswald Bolle.

1995

Hinark Husen
Frau Comunis singt

Gut gelaunt mache ich mich mal wieder auf den Weg zum U-Bahnhof Leopoldplatz, vorbei an dem kleinen Geschäft, in dem in den zwanziger Jahren noch Kaffee und Kakao verkauft wurden, in den Fünfzigern Hosen und Röcke, in den Achtzigern Bücher, und nun schon seit zwei Jahren italienische Weine. Ja, ich kenne mich aus in meinem Kiez, all die kleinen Geschichtchen und Histörchen, die hinter jeder Fensterscheibe lauern und darauf warten, erzählt zu werden. Das mit dem Kaffeegeschäft aus der Weimarer Zeit hat sich quasi von selber erzählt, denn der Betreiber des Wein-Ladens hat am Schaufensterrahmen die alten Werbeschriftzüge freigelegt. Vielleicht hat mein Wohnungsvorvorgänger hier gleich um die Ecke immer seinen Muckefuck gekauft. Ich hole mir immer einen leckeren Prosecco für anstehende Geburtstagsfeiern. Ja, der Wedding, er prosperiert. Vor acht Jahren hatten wir schon mal einen portugiesischen Weinladen, der ist auf ganzer Linie gescheitert. Die Zeit war noch nicht reif.
Plötzlich ein »Hallo!« von der anderen Straßenseite. Ach, schau an, mein ehemaliger Döner-Verkäufer. Ich begrüße den Mann freundschaftlich und frage ihn nach seinem neuen Leben in Ravensburg. So schnell wie möglich zurück wolle er. Die Kinder verstünden in der Schule kein Wort, obwohl sie schließlich fließend deutsch sprechen, ey Alter, wa! Das hätt ich ihm gleich sagen können. Die südwestdeutsche Provinz ist nichts für einen Weddinger Türken.
Im stillen hoffe ich nur, daß er den Imbiß nicht wieder übernimmt, hat er doch das Fladenbrot für den Döner immer nur in der Mikrowelle aufgewärmt, was sein Nachfolger dankenswerterweise sofort abgeschafft hat.
Weiter geht's, vorbei an dem Zeitungskiosk, der eigentlich

eine Rehabilitationsstelle für zwei pakistanische Schlaganfallpatienten ist. Sprechen können beide schon wieder ganz normal, aber beim Rechnen hapert's noch gewaltig. Wenn man für den Rest des Tages nichts Besonderes vorhat, kann man hier getrost auch mal Zigaretten kaufen gehen.

Und dann endlich taucht er vor mir auf: Der Leopoldplatz, eine kleine Oase hinter der Nazarethkirche. Früher haben hier Nachtigallen gebrütet, aber seit das Gartenbauamt aus dem wilden Buschwerk eine putzige Grünanlage gemacht hat, sind sie verschwunden. Auch der Vogel des Jahres '97 ist mir hier leider noch nicht zu Augen gekommen. Eigentlich eine Schande, da ist nun schon Oktober, und ich habe immer noch keinen einzigen *Dendrocupus major* gesehen. Immerhin ist mir aber hier im Winter mal ein Grünspecht über den Weg geflogen. Und neulich habe ich eine Dorngrasmücke gehört. In solchen Momenten möchte ich immer stehenbleiben und ausrufen: Halt inne, Welt, und lausche, da singt *Sylvia comunis* ihr feines Liedchen. Aber hier reagiert der Weddinger genauso wie jeder andere Berliner: »Wat für 'ne Silvia denn, die soll bloß ihre Schnauze halten, ick kann Opern nich ausstehen.« Und selbst wenn ich den Ahnungslosen aufklären würde, ihm erzählte, daß es sich bei Frau Comunis eigentlich um eine männliche Grasmücke handelt, so wäre der nächste Kommentar zwangsläufig: »Mücken jehörn totjeschlagen, völlig schnurz ob Männchen oder Weibchen.« So lausche ich denn alleine und mache mir so meine Gedanken über die ornithologische Ignoranz meiner Umwelt. Am Leopoldplatz angekommen, zwitschern die Mehlschwalben unbekümmert um den U-Bahn-Eingang herum. Ich wünsche noch eine erfolgreiche Brut und entschwinde ins triste Neukölln.

1997

Elke Schmitter
Der Winter

Der Winter gilt gemeinhin als Jahreszeit. In Berlin handelt es sich allerdings um einen Seinszustand, dessen Beginn durch das Zusammenspiel folgender Faktoren gekennzeichnet ist: Nachtfröste und Lichtverlust, erhöhte Niederschläge und Depressionen. Der Berliner Winter setzt gewöhnlich im Oktober ein und endet etwa Mitte Juni. Strahlende Herbsttage verzögern den Einbruch um ein Geringes, es sind dann, besonders im Grunewald, lächelnde Spaziergänger auszumachen, deren jubilierend fester Schritt als klassisches Kennzeichnen des sogenannten Herbstirreseins gilt.
Es handelt sich bei Trägern dieses Symptoms im Regelfall um Neuberliner, die ihre Gewohnheiten und ihr Gewohnt-

sein an die vier Jahreszeiten auf die Hauptstadt übertragen; nach einigen Jahren ist diese Täuschung dann überwunden. Den erfahrenen Berliner hingegen erkennt man an der Einteilung des Jahres in genau zwei Phasen: Winter und Nicht-Winter. Letztere Phase kann eine Differenzierung in frühlingshafte, brütend-sommerliche und fröstelnd-herbstliche Tage erfahren; erstere bleibt, was sie ist – ein Seinszustand.

Die Bevölkerung, wiewohl statistisch im wesentlichen unverändert, wird mit dem machtvollen Wintereinbruch komplett ausgetauscht. Ehemals wirsche und nachtaktive Personen wandeln sich zu einer grauen und teilnahmslosen Menschenmasse, deren äußere Verdrossenheit ihre innere Melancholie abbildet. Wie im Berliner Zoo gibt es den Typus des REM-(Rapid Eye Movement)-Schläfers und den des Muskelzitterers. Naturgemäß prägt letzterer das öffentliche Bild.
Das Winterende ist gekommen, wenn das erste Café den ersten Stuhl nach draußen setzt und der erste Berliner darauf eine Viertelstunde hat verweilen können.

1997

Der Berliner ist grob, zanksüchtig, ohne Sentimentalität, eitel, exklusiv. Mit Berlin und dessen Weise ist für den Berliner alles erschöpft; er hat keinen Maßstab als diesen. Er weiß nicht nur alles, sondern er weiß alles besser; alles, was anders ist, ist schlecht.

Heinrich Laube

Der Berliner »als solcher«

Wer ist ein Berliner? John F. Kennedy hat erklärt, er sei einer, was die Berliner sehr gefreut hat; aber gerade ihn als den typischen Berliner zu bezeichnen, würde keinem einfallen. Und ebenso käme kein Mensch auf die Idee, Jaczo von Köpenick oder Albrecht den Bären als »Urberliner« zu vereinnahmen, obwohl die ja nachweislich zuerst da waren. Ein gewisser Schultheiß Marsilius ist der erste urkundlich erwähnte Berliner, aber außer den typischen Berliner Namen (heute zu Machulke verballhornt), wissen wir nichts weiter über ihn.

Bei der Erwähnung seiner Urahnen läßt der Berliner gern die Schlagmichtots aus dem Mittelalter weg, übergeht beflissen das mörderische Hauen und Stechen im Dreißigjährigen Krieg und beginnt gleich als schönes Beispiel für die Weltoffenheit der Stadt mit Friedrichs des Großen Maxime: »Jeder soll nach seiner Fasson selig werden!« Das könnte das preußische Äquivalent eines Henri-Quatre-Wortes sein: »Berlin ist eine Messe wert«, wenn auch protestantisch getönt. Denn vorher hatten sich die Lutheraner und Kalvinisten manch heftigen Strauß geliefert. Durch die Not des Faktischen wurden sie allerdings schon vor Friedrich zur Toleranz gezwungen. Lutheraner und Reformierte erhielten die gleichen Rechte und durften sich nur noch verbal aneinander vergreifen, was die Berliner Diskussionsfreudig-

keit sehr befruchtete, wie man heute noch merken kann. Der Große Kurfürst holte 1685 französische Hugenotten ins Land – besser: in die Stadt, und so mußten sich die 20000 Berliner mit 5000 Hugenotten arrangieren. Dann quengelte Sophie Charlotte so lange, bis ihr baufreudiger Gemahl Friedrich I. Geld für eine Akademie locker machte, was neben seinen holländischen, italienischen und polnischen Handwerkern auch die klügsten (naja) Köpfe der jeweiligen Nationen einen Umweg nach Berlin machen ließ. Im 18. Jahrhundert kamen die Katholiken aus dem Osten und durften sogar eine Kirche bauen. Die Juden erhielten wieder Bleiberecht und begründeten durch den bedeutendsten Philosophen der Aufklärung, Moses Mendelssohn, ein Klima der geistigen Toleranz, das bis 1933 auch im täglichen Miteinander funktionierte. Und selbst die ersten Mohammedaner kamen Mitte des 19. Jahrhunderts.
Neben der unwirtlichen Umgebung aus Sumpf und Sand hat dieser Zwang zur Toleranz wohl dazu beigetragen, den Berliner zu formen und zu dem zu machen, als der er uns heute entgegentritt. Denn so schön Toleranz auf der einen Seite ist, sie muß erst einmal erarbeitet werden, das heißt: jeder muß es für sich lernen. Das geschieht nicht auf Anhieb und nicht ohne Widersprüche, sondern durch gegenseitige Achtung. Und das wurde tagtäglich praktiziert: Die Franzosen waren die besseren Handwerker und Gärtner; die Juden konnten besser rechnen, die Holländer besser bauen, die Sachsen besser kochen; die Schwaben waren sauberer, die Schlesier genügsamer, die Thüringer freundlicher, die Italiener musikalischer, die Hannoveraner kultivierter. Das hat der Berliner schneller eingesehen als zugegeben. Aber Spuren hinterlassen hat es allemal.
Dennoch ist der Berliner mißtrauisch. Und kritisch gegenüber Gesagtem und selbst mit eigenen Augen Gesehenem. Zuviel und zuoft hat man ihm ein X für ein U vorgemacht. Dieses Mißtrauen äußert sich aber nicht etwa dadurch, daß der Berliner sagt: »Jloob ick nich!«, sondern es wird mit einem »Det jloobste doch selba nich!« oder noch besser: »Wers jloobt, wird seelich!« umschrieben. Hier spielt gewiß

auch eine Spur Unsicherheit mit: Man weiß es ja andererseits nicht so genau, vielleicht ist doch etwas Wahres dran, ein Hintertürchen kann man sich ja immer offenlassen, ohne gleich das Gesicht zu verlieren. Besser einmal zuviel rückversichert, als zuwenig. Diese Haltung ist durchaus eine Form der Ironie, wenn auch nicht gerade der feingestrickten. So erzählte man einmal einem Berliner, daß man bei Ausgrabungen in Etrurien Kupferdrähte gefunden habe, woraus hervorgehe, daß die alten Etrusker schon die Telegraphie gekannt haben müssen. Darauf der Berliner: »Ach wat. Bei uns in Pankow wurden ooch Ausjrabungen vorjenommen, da hat man jar nischt jefunden. Woraus hervorjeht, det die ollen Berliner schon die drahtlose Telejraphie jekannt haben.«

Der Berliner hatte es immer schwer, auf den grünen Zweig zu kommen. Das schärfte allerdings seinen Verstand und ließ ihn alles Sentimentale, Emotionale, Sensible als schwächlich oder gar überflüssig ansehen. Da der Berliner aber im Grunde seines Herzens ein äußerst gefühlvoller Mensch mit einer mitunter

verschrobenen Sentimentalität ist, das aber partout seinen Mitmenschen nicht zeigen kann und will, ist seine schnoddrige Haltung zuerst eine Form kaschierter Rührung – erst in zweiter Linie ein Ausdruck gar nicht immer so festverwurzelten Glaubens an die eigene Überlegenheit. Andere mögen den Berliner als frech empfinden, aber im Grunde ist das eine ganz eigene, ja fast schon dialektisch zu nennende Form der Höflichkeit, die er dabei praktiziert. Ein Beispiel. In einem vollbesetzten Bus sagt ein Berliner zu seinem Freund: »Du, Willem, wenn ick eenen aus Vasehen uff de Hühneroogen trete, vaschtehste, denn hau' ick ihm jleich hinterher eens in de Fresse, ehe er mir dumm kommt.«

Auch jene schöne Anekdote aus der Biedermeierzeit mag als Bei-

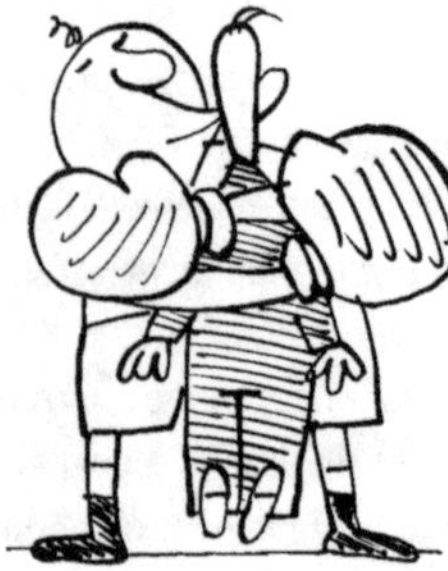

spiel dafür dienen, wie herzlich, aber rauh es der »verwegene Menschenschlag« eigentlich meint: Ein Berliner, der durch das Dorf Steglitz ging, sah den Wirt eines dortigen Kruges gerade damit beschäftigt, einen Knaben ganz schrecklich durchzuprügeln. Nachdem dies geschehen und der Kleine noch mit einem heftigen Stoß in den Hausflur geworfen worden war, fragte der Herr aus der Residenz den Gastwirt, wer der junge Mann sei und woher er wäre. »Der is aus de Stadt«, erwiderte der Gefragte sehr ruhig. »Es ist mein' Bruder sein Sohn un hält sich sich hier bloß zum Verjnüjen een paar Dage uff!«

Mit Leuten, die das Herz auf dem rechten Fleck und gesunden Menschenverstand haben, identifiziert sich der Berliner besonders gern. Ihnen legt er Aussprüche in den Mund, die auf mitunter sehr dubiosen Quellen fußen.

Das Gesprochene war in Berlin stets weiter verbreitet als das Geschriebene, auch lebendiger, denn im alltäglichen Umgangston wurde mitunter schneller und direkter aus der Situation heraus sprachlich reagiert. Der erste, der – sieht man von den Aufzeichnungen des »märkischen Eulenspiegel« Hans Clauert einmal ab – das Berlinische literaturfähig machte, war Adolf Glaßbrenner. Die Kunst bestand bei ihm darin, daß er als erster nicht nur psychologisch, sondern auch sozial sehr prägnante Typen schuf, mit denen er das Berlinische aus dem Dunst des »versauten Dialekts« heraushob und zu einer nicht nur auf private Belanglosigkeiten bezogenen Literatursprache machte. Das Aufmüpfige bekam durch ihn auch eine politische Stoßrichtung, was der preußischen Zensur sehr wohl auffiel, weshalb Glaßbrenner sein geliebtes Berlin unfreiwillig verlassen mußte, um lange Zeit im »Ausland« (Mecklenburg und Hamburg) sein Dasein zu fristen.

Eine der schönsten Glaßbrenner-Geschichten ist jene um die »Geburt einer Geschichte« selbst:

A: Sag mal, hast du denn schon davon gehört?

B: Wovon denn?

A: Nu, von der Jeschichte mit den – na, da draußen, da neben die – jees! wie heeßen denn die Leute?

B: Meenst du vielleicht die neue Bierkneipe?

A: I nee doch! Ick meene die Jeschichte da mit den – na, der Name schwebt mir uff die Lippe. Die da draußen vorgegangen ist, da bei – da draußen bei – Jott, du mußt ja den Ort kennen!

B: Ach Jees, det is die Jeschichte mit den – ja, die kenn ick – mit den – Jees wie heißt er doch. Die meenste?

A: Richtig, die meen ick. Also du kennst se schon?

B: Ja, die kenn ick, die hat mir ja der – der – na wie heeßt er denn – erzählt. Der – da draußen – du weeßt ja.

A: Ja, ick wees schon, det is die Jeschichte! Von dem hab ick se ooch.

Von jeher hatte der Berliner eine Schwäche für berühmte Originale. Von Madame Dutitre wird man noch lesen; zu den »ollen« Berlinern gehörten der alte Heim, Goethes Duzfreund Carl Friedrich Zelter, Papa Wrangel, Heinrich Zille, Max Liebermann, Carl Fürstenberg, Martin Bendix, Erich Carow und, und, und ... Einer der volkstümlichsten Berliner war der stockreaktionäre General Friedrich Heinrich Ernst Graf von Wrangel aus Steglitz, der seinen Lebensabend in einem Palais am Pariser Platz verbrachte. Er berlinerte, daß sich die Balken bogen, und eine der schönsten »Sprachanekdoten« wird ihm zugeschrieben: Wrangel geht mit seinem Adjutanten Unter den Linden spazieren. Kommt ihnen ein Herr entgegen, zieht den Hut und grüßt den General. »Sehnse, der hat mir jejrießt«, sagt Wrangel zu seinem Adjutanten. »Nein, mich«, verbessert ihn der. »Wat, Ihnen?« erwidert Wrangel. »Nein Exzellenz, natürlich Sie.« – »Na also, hat er doch mir jejrießt!«

Vom alten Heim, dem berühmten Arzt Anfang des 19. Jahrhunderts, erzählte man sich folgendes: Heim behandelte eines Tages eine

Dame, die an Kopfschmerzen litt und dabei ihre guten Ratschläge zum besten geben wollte. Man habe ihr geraten, so meinte sie gegenüber dem Arzt, Sauerkraut auf den Kopf zu legen, das würde den Schmerz lindern. »Gewiß doch«, erwiderte der alte Heim, »aber vergessen Sie dabei die Bratwurst nicht!«
Ausgerechnet ein Sachse sollte zum Inbegriff des Berliners »als solcher« werden: Heinrich Zille. »Wir spüren die Tränen hinter Ihrem Lachen«, hatte Max Liebermann in seiner Rede zur Aufnahme Zilles in die Akademie der Künste gesagt. »Pinselheinrich«, wie er von seiner »Klientel« genannt wurde, war volkstümlich, aber nicht volkstümelnd. Über ihn kursieren eine Unmenge von Anekdoten. Am typischsten aber für das Wesen des Berliners ist wohl der Brief, den ihm ein gewisser August Brose geschrieben hat.
Dem Droschkenkutscher August Brose war in der Chausseestraße der Gaul gestürzt. Verkehrsstockung, ein Schupo nimmt ein Protokoll auf, schimpfende Bürger, quengelnde Kinder, gute Ratschläge von allen Seiten, nörgelnde Fahrgäste – kurz, eine Berliner Szene, wie sie für Zilles Zeichnungen typisch ist. Zille selbst bringt im Hintergrund die ganze Szene zu Papier. Um diese Zeit startete Ullstein ein großes Preisausschreiben. Gesucht wurden die besten Zeichnungen aus dem Alltagsleben einer Großstadt. Zille reichte seine Zeichnung ein und errang den 1. Preis in Höhe von 3000 Mark. Eine Woche später erhält er einen Brief von August Brose:
»Jestern hat ick eine Fuhre nach Schalottenburg raus und da läßt mein Fahrgast die Illustrierte Zeitung in Wagen liegen. Ick lehse sonz keine Zeitung aber weil ick jrahde lange Weile hatte, kuke ick mal rein und ick denk mir laust der Affe, is de janze Jeschichte von damals drin, wo meine Lise damals inne Schosseestraße das dumme Luder mitgefallen is, ick habe damals vil Erger wegen diese Jeschichte jehabt weil der Olle mir doch 12 Emm uf die kaputike Deikzel abgezogen hat. Nu haben Sie ihre 3000 Piepen for det Bild jekricht, ick jenne se Ihnen ja fon Herzen, sie werden se brauchen. Aber nu hochgeerter Herr Maler Zille denken Se ooch en bisken an Mir. Ick ferdi-

ne es nich so leichde. Also wie wär es mit so 20 Emmchen. Ick will Sie dafor ooch jerne bei meine Bekante emfäln wenn mal eener was zu mahlen hat ...«

Einer der bekanntesten »waschechten Berliner« war der 1843 geborene Komiker Martin Bendix, der im American-Theater (im Volksmund »Wurschtkessel«) in der Dresdener Straße auftrat, einer verräucherten Kneipe, in der er kleine Szenen und Vorträge gab. Seine Karriere war glänzend, so daß er später sogar im berühmtesten Volkstheater Berlins, bei den Gebrüdern Herrnfeld, engagiert war. Auf ihn gehen eine ganze Reihe inzwischen geflügelter Worte zurück: »Uns kann keena« – »An den Kalmus piepsen wir nich« – »Quatsch nich, Krause« – »Man merkt's am Jang, da is was mang« – »Sachte, et klemmt sich«.

Die Urheberschaft dieser Sprüche läßt sich heute im einzelnen gar nicht mehr feststellen. Manches wurde von Glaßbrenner, Kalisch oder aus dem »Kladderadatsch« übernommen, wo besonders die Kolumnen über »Schultze und Müller« oder »Nunne«, einem Nachfahren des Eckenstehers »Nante«, am beliebtesten waren. Auch diese Sprüche belegen des Berliners Hang für verquere Dialektik: »Ville red't er nich, aber wat er saacht, is Quatsch.« – »Sie denken woll, ick bin so dumm, wie Sie aussehen!« – »Nischt wie ran an die Särje und mitjeheult!« – »Für dich schmeiß ick mir hintan Zuch.« – »Mit det Bezahlen verplempert man det meiste Jeld.« – »Saure Jurken sind ooch Kompott.« – »Je oller, je doller!« – »Tun tun woll'n se nischt, aber nischt tun, det woll'n se tun.«

Die treffendste Charakteristik des Berliners stammt von Werner Finck: »Wenn man den Berlinern etwas erklären will, haben sie es bereits begriffen.«

Heinrich von Kleist

Der verlegene Magistrat

Ein H...r Stadtsoldat hatte vor nicht gar langer Zeit, ohne Erlaubnis seines Offiziers, die Stadtwache verlassen. Nach einem uralten Gesetz steht auf ein Verbrechen dieser Art, das sonst der Streifereien des Adels wegen von großer Wichtigkeit war, eigentlich der Tod. Gleichwohl, ohne das Gesetz mit bestimmten Worten aufzuheben, ist davon seit vielen hundert Jahren kein Gebrauch mehr gemacht worden: dergestalt, daß statt auf die Todesstrafe zu erkennen, derjenige, der sich dessen schuldig macht, nach einem feststehenden Gebrauch, zu einer bloßen Geldstrafe, die er an die Stadtkasse zu erlegen hat, verurteilt wird. Der besagte Kerl aber, der keine Lust haben mochte, das Geld zu entrichten, erklärte zur großen Bestürzung des Magistrats: daß er, weil es ihm einmal zukomme, dem Gesetz gemäß, sterben wolle. Der Magistrat, der ein Mißverständnis vermutete, schickte einen Deputierten an den Kerl ab und ließ ihm bedeuten, um wieviel vorteilhafter es für ihn wäre, einige Gulden Geld zu erlegen, als arkebusiert zu werden. Doch der Kerl blieb dabei, daß er seines Lebens müde sei und daß er sterben wolle: dergestalt, daß dem Magistrat, der kein Blut vergießen wollte, nichts übrig blieb, als dem Schelm die Geldstrafe zu erlassen, und noch froh war, als er erklärte, daß er, bei so bewandten Umständen, am Leben bleiben wolle.

1810

Theodor Fontane

Berliner Ton

Der Grundzug ist ein krasser Egoismus, ein naives, vollkommen aufrichtiges Durchdrungensein von der Überlegenheit und besonderen Berechtigung der eigenen Person und des Ortes, an dem die Person das Glück hatte, geboren zu werden. Um diese beiden Eitelkeiten dreht sich alles.

Einleitung

Ich bin viel gereist. Der Berliner Ton hat etwas Spezifisches, wodurch er sich von jedem anderen unterscheidet, auch von den nahe gelegenen Städten Dresden, Weimar, Hannover. Und dann Berlin! Zu sagen, daß dieser Ton einen guten Ruf hätte, wäre nicht in der Wahrheit. Er ist aber doch besser als sein Ruf. Es heißt auch hier »Tout comprendre c'est tout pardonner – Alles verstehen heißt alles verzeihen.«

Was einem Fremden zunächst auffällt, ist das Laut-Sprechen und das Viel-Sprechen. Warum nicht laut? Ich bin ja ich; und warum nicht viel, ich weiß ja Bescheid, ich habe ja alles gesehen, gehört, gelesen. Dies hängt mit dem Persönlichen zusammen.

Die Geschichte des Berliner Tons zu schreiben, den Nachweis, wie er sich gebildet, das wäre ein Kapitel für sich und wäre ziemlich gleichbedeutend mit einer Kulturgeschichte unserer Stadt. Ich muß auf ein eigentliches Eingehen auf diese Materie an dieser Stelle verzichten; nur ein paar Andeutungen mögen gestattet sein. Wir sprechen nicht umsonst von »Urbanität«, die »urbs« ist Schöpferin und Trägerin der feinen Sitte, der Politesse. Berlin war aber nie eine »urbs«, es war nie eine Bürger-(Patrizier)-Republik. All das war es nur dem Namen nach. Bis in neuere Zeiten hinein war es ein mit Büros und Kasernen reich ausgestattetes Dorf

großen Stils, und eines Tages, um ein Diktum Lord Byrons zu variieren, erwachte es und war eine Residenz geworden. Eine Residenz mit einem Hof, einem Reichstag und einem Heuschrecken-Proletariat. Bürger hatte es nie und hat es noch nicht. Unter dem beständigen Zufluten neuen Rohstoffes, den Behörden überliefert, immer bevormundet und vor allem in seiner ungeheuren Mehrzahl bis in die »hohen Stände« hinauf von einer nur an dieser Stelle vorkommenden Bettelarmut, haben sich die Tugenden der Politesse, der Teilnahme, der Menschenfreundlichkeit, des Wohltuns nicht ausbilden können. In unglaublichem Grade tritt das Ich für sich ein, jeden als Feind ansehend, der auf den Moment wartet, wo ich »austrete«, um sofort in die Lücke einzuspringen. Alles ist Existenzfrage. Mit einer Art von infernaler Heiterkeit stößt einer den anderen von der Beresina-Brücke, um sich das nackte Leben und drüben am anderen Ufer eine »Stellung« zu retten.
Wie ist der Berliner Ton? Ich habe vor, ehe ich zu einer versöhnlichen Schlußbetrachtung schreite, ihn in drei Haupterscheinungsformen zu besprechen: im Haus, in der Gesellschaft und im Verkehr mit Fremden (Nicht-Berlinern).

Berliner Hauston

Der Ton im Hause entbehrt nicht der Liebe und Herzlichkeit, aber der Pietät. Äußerlich ganz gewiß. Es zeigt sich dies in bekannten scherzhaften Bemerkungen, die der Berliner Geist gezeigt hat. Das Verhältnis der Kinder zu Vater und Mutter gipfelt in dem bekannten Satze: »Mama, wenn du den Hut mit der Feder aufsetzt, geh' ich nicht mit dir. Ich schäme mich.« Und die Mama gehorcht oder lacht, denn wenn es etwas gibt, was die Töchter noch übertrifft, so ist es die Mutter. Entferntere Verwandtschaftsgrade müssen sich mit einem »Wir sind jetzt mit einem Onkel behaftet«

begnügen. Das sind Witzworte, gewiß. Aber man sage nicht, daß sie für die hier zu behandelnde Frage nichts bedeuten. Sie sind der Strohhalm, an dem sich erkennen läßt, wie der Wind weht.

Noch mehr als an Pietät fehlt es an Form. Es gibt viele Häuser, in denen die Begrüßungsformen ganz fortfallen. »Es ist so langweilig« oder »Wozu?« Und damit wird das heitere und immer wieder wohltuende freundliche »Gute Morgen« einfach gestrichen. Am meisten tritt aber das Fehlen der Form bei unseren Mittagsmahlzeiten hervor. Wer nicht im Ausland gelebt hat, wird sich dessen nicht bewußt. Nur wer lange »draußen« war, empfindet dies in aller Stärke.

In wachsender Progression haben wir jetzt Berliner Häuser, in denen die Pflege schöner Form beginnt, aber diese Berliner Häuser sind nicht Repräsentanten des »Berliner Tons«. Wo dieser in aller Herrlichkeit existiert – und er reicht unter Umständen bis hoch hinauf – da hat er sich seine Formlosigkeit, seine Auseinandergefallenheit bewahrt, und diese gedenke ich zu schildern. Ich greife in die Mitte hinein und schildere ein Oberlehrerhaus (hatte Theologie studiert), an dessen Tisch ich gelegentlich als Gast gesessen habe.

Ein Junge, achtjährig, läuft durch alle Stuben und ruft: »Rasch! Essen!« Alle Stubentüren offenlassend, ist er der erste in dem bekannten »Berliner Saal«, und das mit einigen Besingflecken ausgestattete Tischtuch zurückschlagend, versteckt er sich unter dem Tisch. Im Laufe der nächsten fünf Minuten, von einigen ernsteren Nachzüglern abgesehen, erscheinen nun die Mitglieder der Familie und nehmen an einer Ovaltafel Platz, auf der der Suppenrauch wie Opferrauch emporsteigt. Das »Mundrechte« ist noch nicht Mode. »Wo ist Paul?« fragt die Mutter, und im wirren Durcheinander werden von drei Schwestern und zwei halberwachsenen Brüdern wirre Vermutungen ausgesprochen, bis es unter dem

Tisch leise zu »miauen« anfängt und Paul, am unteren Ende des Tisches, aus seiner Versenkung hervortritt. Bei guter Laune durch allgemeine Heiterkeit belohnt, bei schlechter Laune durch eine Ohrfeige bestraft. Letzteres führt zu Weinen. Worauf sich ein Disput zwischen den Eltern entspinnt, ob es nicht zu streng war. Die Kinder nehmen, wie ein in Majorität und Minorität geteilter parlamentarischer Körper, an dieser Debatte teil und beschließen, daß der »arme Paul« ein Schmerzensgeld erhalten soll, einen Apfel oder drei Pflaumen. Er stürzt auch sofort auf die Kommode zu, wo der Obstteller steht, und beißt in seinen Apfel rein, während die anderen noch bei der Suppe sind. Der älteste Sohn läßt sie von dem hocherhobenen Löffel in einem dünnen Strahl niederträufeln, angeblich, um sie zu pusten, in Wahrheit um zu zeigen, wie dünn sie ist.

Es kommt nun Fleisch mit Soße, und die zweite Tochter erzählt etwas, was der zweite Bruder im Laufe des Vormittags gesagt haben soll. Es ist das Gleichgültigste von der Welt. Nichtsdestoweniger entspinnt sich ein Streit über die Fassung dieses Zitats, und ehe noch geschlichtet werden kann, ist nicht nur die Wendung »das ist nicht wahr« dreimal gefallen, sondern der empörte Bruder erhebt sich auch ohne

weiteres von der Tafel, und mit der Versicherung: »Alles gelogen, Martha lügt immer«, verläßt er das Zimmer.
Denn alles ist Lebensfrage, und alles wird mit einer Leidenschaftlichkeit verhandelt, als ob das Schicksal ganzer Völkerschaften auf dem Spiele stünde. Am häufigsten, wenn nicht Streitszenen ausbrechen, sind die wissenschaftlichen und am liebsten die politischen Debatten, an welch letzteren teilzunehmen bis zu Paul hinunter jedem Mitglied der Familie freisteht. Dieser Eifer über Tisch führt, bei der Gründlichkeit aller Familienmitglieder, zu beständigem Nachschlagen in Büchern und Zeitungen, wobei dann die großformatige, das Haus beherrschende »Norddeutsche All. Zeitung« in der ganzen Fülle ihres Großformats aufgeschlagen und mit ihren Spitzen in die Kompottschüssel getaucht wird. Fast immer Preißelbeeren. Allmählich verlaufen sich die Mitglieder der Tafel, die nicht aufgehoben wird, sondern sich auflöst und heute eine Stunde lang unabgedeckt bleibt, da das Mädchen in der Waschküche zu tun hat und die Fräuleins in den Zoologischen müssen. Es ist ein heißer Tag. Die Fliegen werfen sich über die Teller her, und wer den »Berliner Saal« um diese Stunde passiert, erschrickt.

In der Gesellschaft

Sie sprechen nur von sich, oder wenn ausnahmsweise ein Gegenstand, eine Sache, zum Gesprächsgegenstand wird, so behandeln sie ihn so, daß die Art der Behandlung, ihre Stellung dazu zur Hauptsache wird. Es wird das Trapez, an dem sie turnen. Das Turnen bleibt die Hauptsache.
Sie wissen alles, sie lassen niemand zu Worte kommen und unterbrechen jeden.
Alles kritisiert. Man kann füglich sagen, ganze Klassen leben nur, um zu kritisieren. Es ist ihr täglich Brot. Aber sonderbarerweise, wie Küstenvölker, die beständig mit Wasser

zu tun haben, meist nicht schwimmen können, so können die Berliner, die an dem Wasser der Kritik wohnen, nicht kritisieren. Sie sind sehr witzig und haben bis zu einem hohen Grade die Fähigkeit ausgebildet, die lächerlichen Seiten einer Sache herauszufühlen, aber eigentliches Urteil haben sie nicht. Über nichts. Weder über Menschen noch Politik, noch Kirche. Am wenigsten über Kunst. Die Witzigen begnügen sich mit einem Witz, die große Masse wartet ihre Zeitung ab und schmückt sich offenkundig mit fremden Federn, wie Damen falsches Haar als einen Schmuck tragen. So hört man oft: Wir wollen das bis morgen lassen; ich habe O. Bl., L. P. noch nicht gelesen.

Ungeheure Streitlust, Rechthaben à tout prix.

Diskretion exixtiert nicht. Es bedarf deshalb auch kaum einer näheren Bekanntschaft, um zu den »Bekenntnissen einer schönen Seele« überzugehen. Diese schöne Seele ist natürlich die eigene Abstammung. Ehegebrechen werden mit einer Offenheit behandelt, die vom Standpunkt der Wahrhaftigkeit nichts zu wünschen übrigläßt. Überhaupt: offen sein, wahr sein, das ist das dritte Wort. Dahinter aber verbirgt sich viel Schlauheit.

Bei näherer Bekanntschaft beginnen die Bekenntnisse. Diese fließen keineswegs aus einer beichtebedürftigen Seele. Beichte! Was heißt Beichte? Beichte hat Reue zur Voraussetzung, und dies zählt zu dem letzten, womit man sich abgibt. »Ein unglaublicher Grad, mit sich zufrieden zu sein«, ist ein hervorstechender Zug.

Mit Fremden

Mit der Ortseitelkeit hängt zusammen, daß auf den Fremden gar keine Rücksicht genommen wird. Überall in der Welt kommt man dem Fremden entgegen und macht seine Interessen zu den seinigen oder gibt sich wenigstens das

Ansehen davon, man erkundigt sich nach Einrichtungen seiner Stadt, seines Landes, fragt nach seiner Kunst, nach seiner Beschäftigung. Man sucht sich zu belehren und vor allem den Fremden dadurch wohltätig zu berühren.

Das kennt der Berliner nicht. Er fordert sofort ein Eingehen auf seine Stadt und das Leben und die Interessen derselben. Vor zehn Jahren besuchte mich ein Leipziger. Er kam von Paris und ging nach Leipzig zurück. Sein Gesicht strahlte, denn er umfaßte nun die Welt. Sein Axiom war: »In Paris vollziehen sich die Dinge, in Leipzig werden sie gedacht.« Der eigentliche Berliner kennt diese Zweiteilung nicht, er sorgt für das eine und das andere.

»Vor Gott sind eigentlich alle Menschen Berliner.« Nicht nur von Niemann und der Mallinger, auch von Herrn Schwing und Frl. Hofmeister wird gesprochen, als ob jeder gebildete Mensch die Verpflichtung habe, sie zu kennen. Hildebrand, Mannheimer und Samter werden als Weltzelebritäten behandelt, und die Worte Spandauer- oder Wall- oder Jägerstraße mit einer gewissen Nonchalance hingeworfen, als wäre es selbstverständlich, daß die Betreffenden dort wohnen.

Schluß

Es ist der unfeine Ton, den die Welt kennt, und man kann an ihm studieren, wohin die bloße Behandlung des Wissenschaftlichen, des Lernens führt. Und wie recht diejenigen haben, die sich von einseitiger Kunst- und Wissenschaftsentwicklung wenig für den wirklichen Fortschritt der Menschheit versprechen. Die Unfeinheit hat sich hier einen Typ geschaffen.

Und doch! Es wohnt allem diesem ein Reiz inne, auch eine Berechtigung, ohne welche die ganze Erscheinung entweder nie entstanden wäre oder sich nicht gehalten hätte. Jeder wird die Wahrnehmung selbst gemacht haben. Nehmen wir England. England hat die schönsten Weiber, auch eminent an Geist und Witz und Form. Sie sind das Ideal. Aber ihre Zahl ist nicht übergroß, und der Zweck dieser Zeilen ist es nicht, von der Ausnahme, sondern von der Regel zu sprechen, nicht vom einzelnen, sondern von der Masse. Und wie ist die Masse drüben? Öd und leer; »stupid«, redensartlich. Sie treten vor die Sixtinische Madonna und sagen »very nice, indeed«, sie lesen eine erschütternde, aber von einigen Seltsamkeiten begleitete Geschichte und finden sie »very funny«, alles hat seinen Zettel oder kriegt ihn, als ob sich alles, was in der Welt ist und geschieht, in die sechs Rubriken »nice«, »beautiful«, »clever« und in »funny«, »awkward« und »shocking« einsperren ließe. Eine trostlose Leere gähnt einen an, und die Zauber des weißen Teints, des halbgeöffneten Herzmundes schwinden von Tag zu Tag mehr. Kommt man nach solchen Eindrücken in die Heimat zurück, so empfindet man das »Schaumspritzen der Freiheit«, das hier zu Hause ist, doch als Fortschritt und Segnung und sieht über das Schaumspritzen hinweg, das einem mitunter empfindlich in die Augen spritzt.

Und was ist das Resultat? Über die Kultivierung dessen, was pikant und geistvoll und witzig und anregend und apart ist, ist uns die Kultivierung des Schönen verlorengegangen. Das Geistreiche hat sich auf Kosten der Form als ein »rocher de bronze« stabilisiert. Behalten wir das Gute, aber geben wir ihm ein anderes Fundament, fügen wir zu der Bildung des Geistes auch die Bildung des Herzens, die freilich eine Revolution unserer gesamten Anschauung zur Voraussetzung hat, und der Berliner Ton wird der erste sein, wie er jetzt, Pardon, der letzte ist.

1920 postum

Kurt Tucholsky

Das Sprachwunder

Der seltsamste Mensch, dem ich in meinem Leben begegnet bin, ist ein Bankangestellter aus der Provinz Brandenburg gewesen, ein geborener Berliner. Dieser Mann war ein Dichter, ohne ein Wort schreiben zu können.

Schon die Fähigkeit, eine Figur auf die Beine zu stellen und sie ihre Sprache sprechen zu lassen, ist nicht sehr verbreitet. Dieser rätselhafte Bursche aber entwickelte seine Figuren aus der Sprache, und zwar aus der berlinischen. Die Bank hatte kleine Leute zu Kunden, vielleicht hatte von da sein Ohr die letzten Schwingungen des Tones aufgefangen, jene feinsten Nuancen, die nie ein Fremder trifft – aber er erzählte keine Berliner Witze, er erfand Leute, ließ sie ein paar Minuten leben und sprach dann von etwas anderem, als seien sie nie gewesen.

Vor allem konnte er sich in den gehobenen, organisierten, etwas kleinbürgerlichen Berliner Arbeiter verwandeln. So stand er etwa an einem imaginären Telephon und war der Telegraphenarbeiter, der den Apparat kontrollierte. Das Gemisch von technischem und privatem Gerede war kostbar. »Jehm Se mah die Leitung B, Frollein!« Pause. »Ja, hier Schmorrke, Bautrupp II. Frollein, wie is die Vaständjung? Nein. Ja. Franz, bist du da?« (Jetzt sprach er mit einem Kollegen und riskierte eine kleine Privatunterhaltung, übrigens ohne den Ton zu wechseln, diesen etwas mürrischen, trockenen, dußligen Ton.) »Ick jehe von hier direkt in de

Bamberjerstraße. Nein – is aledicht. Hast du mit Rabener jesprochen, wejn die Picke? Wir wahn jestern in seine Laube – die Bohnen komm janz jut. Ick weeß nich, meine wolln nich wern. Nein, hier Störungssucher. Leitung A, Frollein ...« Auf diese Art.
Er hatte das Berliner Tempo weg, aber nicht jenes falschamerikanische, mit dem so viel Unfug getrieben wird, sondern dieses ruhige, fast behäbige in aller Hast, das Pathoslose, er war der Mann mit dem hängenden Hosenboden, der mit zwei Kameraden an der Ecke steht, einer erzählt eine endlose Geschichte, die nie aufhört, und kein Aas hört zu. Und er saß um einen runden Stammtisch herum, wieder erzählte einer, und mitten drin, grade an der Stelle, auf die der Erzähler den größten Wert legte, zog jener sein Zigaretten-Etui heraus und sprach: »Paul hat welche ohne Banderole...«, was gleichermaßen die ganze Umwelt ignorierte und eine gewisse neidische Bewunderung für Paulen ausdrückte.
Einmal, im Winter, stand er nachdenklich vor dem Haus, in dem ich damals wohnte, es war spät abends, und er sah an der Fassade empor und sagte langsam, ohne jeden Zusammenhang und völlig aus einem unterirdischen Gedankengang heraus: »Machen läßt er nischt, der olle Jude. Aber Miete nehm, det kann er.« (Wobei zu bemerken wäre, daß der Wirt ein wilder Völkischer war.) Und dann fiel sein unzufriedenes Auge auf die großen Schneehaufen, die dort aufgehäuft waren. »Ick frahre nur: wo bleiben da die Arbeitslosen, frahre ick!« Und dann ging er zu etwas anderem über.
Einmal machte ich die Probe und bat ihn, alles zu sagen, was ihm zu dem Thema »Berliner Chauffeur« einfiele. Er sprach, und ich stenographierte; die Bogen liegen noch vor mir.
»Wenn se schon uff die Uhr gucken, denn weiß ick, det sie sinn ausjemist! – Die sagen, ick hätte mir mit jestohlnen

Benzin bereichert – det war aber meine Schwester ihre Beßiehung!« (Hierbei wie im folgenden ist besonders das schöne Schriftdeutsch zu beachten, das man im Berlinerischen sehr häufig antrifft.) – »Nee, eene Person – det jeht heite nich. Da hab ick ja mehr Polster als Fahrjeste! Mein Motor is doch keen Badeofen!« – »Wenn ick stehe, und wart, denn will mir keener ham. Aber kaum det ick mal 'ne Bockwurst essen due, denn kommse an!« – Und nun, mit dem ganzen Berufsstolz des alten Fahrers: »Der Mann hat auf Doktor studiert, die Eltern ham sich was zusammenjescharrt, und nu denkt der Mann, er kann mir belehren. Auf keine Art kann er das. Niemals! sage ich zu den Herrn. Ick unterstelle mir, das frühestens zu konschtatiern. Die Herrnfahrer, wo nie jearbeitet ham – mitn Anlasser fahrn se, die feinen Herrn; watn richtcher Schofför is, der braucht seine Bremse nich – der richt sich ein! Man muß ehmt mit Jefühl schalten! Sone Maschine, det isn Orjanismus. Aber der – Hat mal rumjespielt an de Klingelleitung ... nu meint der, er kann faahn ...!« Und dann kam eine ganz wilde Geschichte aus dem intimsten Familienleben. »Wenn ick ahms nach Hause komme, denn stellt mir meine Braut imma die Milch ant Fensta – da is son kleenet Jitta. Der Wirt hat jesacht, sie hätte 'n Vahältnis mit Athua.« Entrüstetes Schnaufen. »Det is ja nischt wie Neid von den Mann!« Und das alles ganz langsam und ruhig, ohne die leiseste Überlegung, mühelos.

Das Allermerkwürdigste aber war, daß der Mensch noch etwas anderes sprechen konnte, bis zur Täuschung genau: wenn man die Augen schloß, sah man sie vor sich: die dicke, bewegliche, geschwätzige Frau aus dem Mittelstand des Berliner Westens. Dann nahm seine Stimme eine etwas kreischende Färbung an, er plapperte wie ein Papagei, der Redestrom floß über alle Ufer, hemmungslos, wie die Sintflut. »Meine hat gestern wieder zwei Teller zerschlagen, von den guten. Nimmst du Eier in die Bouillon? Ich lasse sie nie allein mit den Eiern wirtschaften. Neulich ...« Aber nun kam wirklich ein Dienstmädchen ins Zimmer, durchaus real und gleichgültig. Der Satz war wie mit der Schere abgeschnitten. In einem lächerlich gezierten und unnatürlichen Ton: »Die Butter wird ja jetzt auch immer teurer. Wir zahlen ... Was zahlst du ...?« Und, kaum war das Mädchen heraus: »Stiehlt deine –?«

Ich besinne mich noch sehr genau, wie wir einmal einen Kranken besuchten, der lag am Blinddarm danieder und hatte eine große Eisblase auf dem Bauch, er mußte ganz still liegen. Das erste Wort beim Entree lautete so: »Guten Tag! Hast du dir nicht den Blinddarm rausnehmen lassen? Jenny hat gesagt, sie läßt bei ihren Kindern sofort den Blinddarm rausnehmen! Bei Israel ...!« Der Kranke fiel fast aus dem Bett, die Eisblase verrutschte, und wir mußten jenen hinaustun. Noch im Korridor hörten wir ihn schwabbern: »Wenn du mal 'ne billige Quelle für Krepteschiehn hast ...«

Ich habe so etwas niemals wiedergesehn. Es gibt in der gesamten deutschen Literatur eine einzige Figur, die so berlinisch ist: das ist der Portier Quaquaro aus Hauptmanns »Ratten«, diesem berlinischsten Stück, das in einem völlig verfehlten Dialekt geschrieben ist, in einem Jargon, den es überhaupt nicht gibt, und in dem doch das ganze Herz dieser Stadt schlägt. Der hat das auch: die filzenen Schuhe, den Bauch, die Mischung von Roheit, Sentimentalität und Kleinbürgertum, die Ruhe weg ... »Immer anzeijn, Herr Doktor, immer anzeijn ...« Man riecht den Burschen.

Der Bankbeamte ist nicht imstande, einen guten Brief zu verfassen. Er »labert« das so vor sich hin, wie die Schlesier sagen, denkt sich vielleicht sein Teil dabei ...

Und ich höre immer noch die rauhe, etwas kehlige Stimme, mit der er einmal in der Siegesallee sagte: »Ick bin jewiß in meine Jewerkschaft als radikaler Mann bekannt. Aber wenn ick det hier allens so ansehe, da muß ick doch sahrn: Ordnung muß sein, Herr Doktor! Ordnung muß sein –!«

1931

Ferdinand Sauerbruch
So eene Visage

Eines Nachts drang alamierend bei uns die Hausklingel durch die Stille. Jemand kam an die Tür meines Schlafzimmers und rief: »Herr Professor Liebermann ist plötzlich und schwer erkrankt. Frau Liebermann bittet den Herrn Geheimrat, eilig zu erscheinen.«

Ich warf mir die Kleider über, lief ins benachbarte Haus, fand ihn im Bett und bereits zwei Ärzte bemüht, ihm zu helfen. Ein Leistenbruch, an dem der Maler seit langer Zeit litt, hatte sich plötzlich erheblich vergrößert. Ich erschrak sehr. Liebermann war über achtzig Jahre alt. Ich überprüfte seinen Zustand und bat meine Kollegen, von allen Versuchen, den eingeklemmten Bruch wieder zurückzubringen, abzusehen. Liebermann mußte sofort ins Krankenhaus, der Bruch war offensichtlich irreponibel.

Die weinende Frau, der ihr Mann alles bedeutete, was sie auf Erden liebte – ich habe noch niemals wieder eine so gute Ehe gesehen –, war völlig verzweifelt. Sie nahm mich beiseite und fragte zitternd: »Muß er sterben?«

Ich tröstete sie und ließ einen Krankenwagen kommen. Im Morgengrauen fuhren wir in die Stadt. Ich auf dem schmalen Sitz des Krankenwärters neben ihm

Nach Dieffenbach soll man über einem eingeklemmten Bruch nicht die Sonne untergehen lassen.

Wir hatten kein Bett frei. Deshalb ließ ich den Freund in meinem Arbeitszimmer in der Charité auf die breite Liegestatt legen, und kaum hatten wir ihn gebettet und ich mich über ihn gebeugt, sah er mich mit merkwürdigem Ausdruck an und flüsterte: »Mensch, Sauerbruch, hab'n Sie eene Visage!«

»Was?« fragte ich verdutzt. »Was habe ich?«

Liebermann: »So eene Visage wie die hab' ick noch nie jesehn! Det is die vertrackteste Visage auff der Welt. Die Visage muß ick zeichnen. Jeben Sie mir Papier und Bleistift!«

»Lieber Meister«, sagte ich, »wir wollen uns erst einmal um Ihren Bruch kümmern ...«

»Jeben Se ma erst mal wat zum Zeichnen!«

Da man gegen Patienten nachgiebig sein soll, ließ ich kommen, was er verlangt hatte.

Ich mußte mich neben ihn setzen. Er zeichnete. Nach einer Weile legte er das Blatt weg und sagte zufrieden: »Nu hab' ick Ihre Visage im Jröbsten festjehalten.«

Dann kam ihm wohl zum Bewußtsein, weshalb er in die Charité gebracht worden war, und er fragte:

»Wat jeschieht nu mit mein' Bruch? Wat machen Sie denn so mit Brüchen?«

Als ich etwas weitschweifig ausholte und einen Satz mit »dem heutigen Stand der Wissenschaft« begann, wehrte er ab.

»Wat hat man denn früher mit so 'nem Bruch jemacht?« wollte er wissen.

»Im Mittelalter«, dozierte ich, »ging man mit dem Patienten schonungslos um. In Ihrem Falle würde man Sie an den Beinen aufgehängt haben.«

»Mensch, Jeheimrat!« rief er. »Det is 'ne Idee! Da rutscht det alles von alleene wieder rin. Det seh' ick ein! Det is jroßartig! Also, hängen Se mir an de Beene uff!«

Ich wehrte ab. Er gab nicht nach. Ich holte meinen Or-

thopäden Biedermann. Kaum sah Liebermann ihn, schrie er: »Nu man los! Ihr sollt ma an de Beene uffhäng'n!«
Mein Herz war voll Sorge. Liebermann war über achtzig. Während wir ihn auf der Bahre in den Operationssaal trugen und ich neben ihm herschritt, flüsterte er noch einmal: »Mensch, Jeheimrat, Ihre Visage! So wie jetzt ha' ick Ihre Visage noch nie jesehn!«
Und dann hingen wir ihn an den Beinen auf, und ich stand mit klopfendem Herzen daneben und beobachtete sein Gesicht. Auf einmal schrie er freudig:
»Mensch, Jeheimrat, Sie merken ooch jarnischt!«
»Was?« fragte ich. »Was soll ich merken?«
»Es is alles wieder rinjerutscht!« rief er.
Wir nahmen ihn ab, bandagierten ihn, und ich rief Frau Liebermann an, sie möge sich keine Sorgen mehr machen, ihr Liebermann sei wieder in schönster Ordnung.
Einige Zeit lag Liebermann in der Charité, dann nahm ich ihn eines Tages mit in meinem Wagen nach Haus, als ich zum Mittagessen fuhr.
Ich setzte ihn vor seinem Haus ab. Einige Stunden später wurde ich zu Hause geweckt: Frau Liebermann habe angerufen. Sie wollte wissen, wie es ihrem Mann gehe.
Ich rief bei ihr an, und sie fragte mich, wo ihr Mann sei.
Ich sagte: »Bei Ihnen.«
Sie hielt diese beiden Worte für einen schlechten Scherz und begann zu schluchzen. Vergeblich versuchte ich sie zu beruhigen.
»Mein Mann kann doch nicht verschwunden sein«, sagte sie, »ihm muß etwas passiert sein, und Sie versuchen, es mir zu verschweigen.«
Schließlich fuhr ich zu ihr und war auch besorgt. Ich konnte mir nicht erklären, was vorgefallen war.
Frau Liebermann erwartete mich zitternd. Ich erklärte, Ihr

Mann müsse hier sein. Ich hätte ihn selbst vor wenigen Stunden hierhergebracht.
Wir gingen ins Haus. Ob er nirgendwo sein könne? Frau Liebermann schüttelte den Kopf.
»Und im Atelier?« fragte ich.
»Ausgeschlossen, ich müßte ihn ja gehört haben!«
Aber ich hatte plötzlich das Gefühl, ich sollte doch oben nachsehen. Ich stand vor der Ateliertür, Frau Liebermann hinter mir. Man hörte nichts. Ich drückte auf die Klinke. Die Tür war verschlossen. Die gute Frau sah mich an. Ich klopfte. Nichts. Ich klopfte wieder. – Eine Stimme knurrte: »Ich will nicht gestört werden.«
Schließlich öffnete er. Er hatte an meiner Visage gearbeitet. Seine Frau ließ er nicht in das Atelier, wenn er malte. Sie sah mich flehend an. Da hatte ich einen Einfall: »Sie haben vergessen, daß Sie mich zum Essen eingeladen haben. Wir wollten doch feiern, daß Sie wieder zu Hause sind.«
Da blieb ihm ja nun nichts anderes übrig. Wir saßen sehr lange und unterhielten uns. Ich fing manchen dankbaren Blick der Frau auf.
Einige Tage später erklärte er mir, ich müsse ihm jetzt sitzen. Das tat ich auch, aber dann nahm er mir zuviel Zeit weg, und ich murrte. Er jedoch meinte: »Et jeht ja mal nich anders. Wenn Sie 'n Fehler machen, dann deckt ihn anderntags der jriene Rasen. Aber 'n Fehler von mir sieht man über hundert Jahre an de Wand häng'n.«

So malte er mich in Öl, wie er sich ausdrückte. Zuerst fertigte er eine große Ölskizze, dann begann er noch einmal. Das fertige Bild nannte er *Der Chirurg* und stellte es aus. Das Britische Museum kaufte das Werk. Die Skizze vollendete er und schenkte sie mir.

1951

Bov Bjerg
Der Berliner

Der Berliner, wenn er sich freut, steigt in sein Auto und fährt zum Kurfürstendamm. Daß er das so machen muß, weiß er aus dem Fernsehn. Das Fernsehn schickt dreimal täglich ein Kamerateam zur Kreuzung Joachimsthaler Straße, und sobald jemand vorbeifährt, wird berichtet, daß der Berliner freudestrahlend den Kurfürstendamm entlang fährt. An der Kreuzung Joachimsthaler hält der Berliner für gewöhnlich an, und es gibt einen Stau und alle deutschen Wohnzimmer wissen: »Schau mal einer an, der Berliner freut sich.«
Der Berliner, wenn er sich freut, fährt mit dem Auto zum Kurfürstendamm. Er selber drückt das anders aus: »War ick nach'n Kudamm jefahrn jewesen, wa?!« – Der Berliner wird sich immer erst hinterher darüber klar, was er eigentlich angerichtet hat.
Der Berliner ist ein großer Autofreund, außer wenn er in bestimmten Teilen Kreuzbergs wohnt, wo er seit geraumer Zeit verkehrsberuhigte Zonen ausruft, um sie anschließend mit gemütlichen Betonpollern vollzustellen. Der Normalberliner, von jungen Bielefeldern, die sich hier das Weißweintrinken angewöhnt haben, »Schultheißberliner« genannt, der Normalberliner, von dem die Rede ist, ist ein

echter Autofreund, und sein Lieblingsauto ist der BMW. Gründe hierfür sind nicht auf Anhieb ersichtlich. Vielleicht scheut er den Mercedes, um nicht für einen Türken gehalten zu werden, vielleicht ist es auch nur, damit er sich ein Nummernschild besorgen kann, das ihn und seine Neider immer daran erinnert, was für ein Auto er fährt: B, Strich, MW – und dann eine möglichst kleine oder irgendwie lustige Zahl. – Ist der Berliner womöglich ein Idiot? Mithilfe des von mir gesammelten empirischen Materials kann sich jeder selbst ein Urteil darüber bilden.

Fakt ist: Als Kind denkt der Berliner, sein Name sei »Halt die Klappe!« Davon wird er schmächtig und leicht schwindsüchtig, weshalb man ihn als Erwachsenen in Häusern treffen kann, wo es im ersten Stock ein Sportstudio gibt; in solchen Häusern steht immer ein muskulöser Berliner im Parterre und wartet auf den Aufzug, weil Treppensteigen kann er auch zu Hause.

Der Berliner ist im Nebenberuf immer Hauswart. Dann heißt er Kopitzki oder so ähnlich, und in das Haus, das er wartet, hängt er regelmäßig Zettel mit Aufschriften wie: ICH BIN DER MEINUNG, DASS DIESE MIETER NICHT IM HAUS GEHÖREN, DIE EINFACH IHR GERÜMPEL DORT ABSTELLEN, WO SIE GERADE DENKEN. Das Schreiben solcher Zettel dient ihm als Ausgleich zu seinem etwas eintönigen Hauptberuf, wo er sich acht Stunden täglich mit seiner blauen Uniform in einen Glaskasten stellen und zur Belustigung der Touristen abwegige Slogans skandieren muß wie: »MIT DEM FAHRRAD NICHT IN DEN ERSTEN WAGEN!«

Nach Feierabend begibt sich der Berliner in eine seiner Kneipen, von denen er denkt, sie hätten keine Sperrstunde. Diese Kneipen schließen normalerweise um ein Uhr, was aber der Berliner nicht mitkriegt, weil er schon längst betrunken im Bett liegt, oder weil er am nächsten Morgen früh raus

muß, um die Haustür aufzuschließen. Es gibt keinen Berliner, der nicht schon einmal »den Harald Juhnke untern Tisch jesoffen und wie« oder ihm zumindest beim Saufen zugesehen hat. Dabei hat er ihn höchstens mal von der Ferne beim Besteigen einer U-Bahn betrachtet.
Überhaupt hat der Berliner ein ganz, ganz lockeres Verhältnis zu seinen Prominenten. Er kennt sie alle. Alle! Und was noch verblüffender ist: Sie kennen ihn. – Und darum bin ich kein richtiger Berliner: Als ich einmal den berühmten Schriftsteller Botho Strauß traf (aus beruflichen Gründen – ich war damals Briefträger), der vor seiner Wohnungstür auf mich gewartet hatte, da dachte ich: »Der sieht ja viel älter aus wie auf den Fotos.« Und gerade wollte ich ihm zurufen: »Hast dich gut gehalten, Botho!«, da war er schon wieder hinter der großen eichenen Tür im Innern seiner vermutlich ziemlich weitläufigen Wohnung verschwunden. Dem Berliner wär' das nicht passiert. Noch bevor Botho Strauß »Anschwellender Bocksgesang« auch nur hätte denken können, hätte der Berliner, wie wir ihn lieben, die mitgebrachten Six-Packs in Bothos Kühlschrank verstaut, sich aufs Wohnzimmersofa geflätzt und nach einem kurzen Rundblick durch die Wohnung gebrüllt: »Haste die alle gelesen?«

1996

Ja, Freund, hier unter den Linden
Kannst du dein Herz erbaun,
Hier kannst du beisammen finden
Die allerschönsten Fraun.
Heinrich Heine

Die Berlinerin »als solche«

Wenn von der Pariserin die Rede ist, dann hat man eine klare Vorstellung: charmant, kokett, kapriziös. Bei der Berlinerin auch: die patente Frau, der Kumpel, die treue Seele, rauh aber herzlich. A cleaning woman mit normalem Sex Freitag nach dem Baden. Warum ist die erotischste Frau, die Berlin (neben Anita Berber und Celly de Rheidt) hervorgebracht hat, Marlene Dietrich, nicht zugleich Symbol für die laszive, geheimnisvolle, unergründliche Spielart der Berlinerin geworden? Das kann nicht mit Marlene Dietrichs eindeutiger Rolle gegenüber den Nazis zusammenhängen, die keinerlei Rechtfertigungsgesäusel zugelassen hat, was man ihr noch 1960 – und das in Berlin! – zum Vorwurf gemacht hat. »Marlene hau ab!« hießen damals die Spruchbänder der in Ehren und Langeweile ergrauten Wilmersdorfer Witwen. Auch der (Weg)Gang nach Hollywood, die Imagination eines zwar anderen, aber doch vom »Blauen Engel« gar nicht so verschiedenen Bildes der verführerischen Frau ist dafür keine ausreichende Erklärung.
Das Berlin der Goldenen Zwanziger war alles andere als sittenstreng. Anita Berber, von der man nachgerade erwartete, daß sie tagsüber nackt unter ihrem Pelzmantel ihre Einkäufe erledigte, war Sinnbild knisternder Erotik. Ihre »Tänze des Lasters und des Verderbens«

gehörten Mitte der zwanziger Jahre zur allabendlichen Sensation in einem Berlin, das Paris als Stadt des erotischen Flairs den Rang abgelaufen hatte. Klaus Mann interviewte, Otto Dix malte Anita Berber, und als Partnerin von Rudolf Forster und Hans Albers gehörte sie zu den Starlets der Stummfilmzeit. Als sie im November 1928 krank, verarmt und verlassen starb, mischte sich in den Jammer auch so etwas wie Erleichterung und Schadenfreude nach dem Motto: »Fallen ist keine Schande, nur lang liegen.«

Schämt sich Berlin etwa gar Frauen von der erotischen Sprengkraft einer Anita Berber oder Marlene Dietrich? Paris verkraftet offenbar die schönen Mädchen vom Crazy Horse mit der Emazipationsästhetik Simone de Beauvoirs oder die kühle Noblesse einer Cathérine Deneuve mit der nostalgischen Sentimentalität Edith Piafs mühelos. In Berlin hat man für alles seine Etiketten. Von den Skandalnudeln tratscht man zwar gern hinter vorgehaltener Hand, aber identifizieren will man sich mit ihnen bitteschön nicht.

Dabei ging es in Berlin – abgesehen von einigen ausgesprochen sittenstrengen Zeiten – schon hoch her. Die erste Frau, die in Berlin ins Gerede kam, war die schöne Anna Sydow, die Frau des Geschützgießers Sydow und Geliebte des trinkfrohen Kurfürsten Joachim II. Dessen Nachfolger sperrte sie in ein Kellerloch der Zitadelle Spandau (böse Zungen behaupteten gar, man habe sie dort lebendig eingemauert). Der Volksmund machte daraus die »Weiße Frau« im Schloß, die immer dann auftauche, wenn den Hohenzollern Unglück drohe. Das Mittelalter war schon eine ambivalente Zeit: erstaunlich freizügig und dann wieder unerklärlich sittenstreng. So standen die Freudenmädchen unter der Aufsicht des Rates und genossen auch einen gewissen Schutz. Mitunter wurden die Mädchen aus den Frauenhäusern auch zu öffentlichen Festen als mittelalterliche »Hostessen« eingesetzt. Streng bestraft wurde hingegen jeder Angriff auf bürgerliche Wohlanständigkeit, sei es nun die »Kuppelei« ehrbarer Bürgerfrauen oder deren »Verführung« durch wen auch immer.

Die erste Frau, die wegen ihres Witzes und ihrer Klugheit zu einem

Urbild der kessen Berlinerin werden sollte, kam aus Hannover: Prinzessin Sophie Charlotte, die mit sechzehn den Kurprinzen Friedrich (den nachmaligen Friedrich I., König in Preußen) heiratetete und später in Lietzenburg (heute Charlottenburg) als »philosophische« Königin residierte, fernab ihres an Wuchs und Format kleinen Gemahls, der sich lieber mit seinen Mätressen amüsierte. Dort lebte sie, umgeben von Künstlern und Philosophen. Sie war letztlich auch diejenige, die Leibniz' Idee, in Berlin eine Akademie zu gründen, bei Friedrich I. durchsetzte. »Neulich sprach Leibniz mit mir von dem unendlich Kleinen«, bemerkte sie einmal in einem Gespräch, »als ob ich durch meinen Gemahl damit nicht allzu gut vertraut wäre!« Man behauptete, in Friedrich dem Großen habe sich viel von der Intelligenz und Scharfzüngigkeit seiner Großmutter wiedergefunden.

Die preußische Madame Pompadour wurde Wilhelmine Enke, verheiratete Rietz, die Tochter eines Trompeters aus Hildburghausen, besser bekannt als Gräfin Lichtenau. Ihr Geliebter war der Lebemann unter den preußischen Königen, Friedrich Wilhelm II., der »Dicke Wilhelm«, der bis auf seine zahlreichen Amouren keine bleibende Rolle in der Geschichte gespielt hat. Allerdings sagen die Berliner noch heute, wenn sie mal so richtig auf den Putz hauen wollen, daß sie »den Dicken Wilhelm machen«.

»Ich ginge zwölf Stunden zu Fuß, um Sie zu sehen«, sagte einst Alexander von Humboldt zu der Frau, die – heute weitgehend vergessen – Charme und Klugheit, Raffinesse und Schönheit wie keine Berlinerin vor ihr verband: Pauline Wiesel, Gattin des Kriegsrats Wiesel und Geliebte des Mannes, der damals in Berlin von allen Frauen vergöttert wurde: Prinz Louis Ferdinand, der 1806 in der Schlacht bei Jena das Leben verlor. Die Briefe beider gehören zu den schönsten Liebesbriefen deutscher Sprache; sie sind auch heute noch von einem merkwürdig zeitgemäßen Ton und voller sinnlicher Delikatesse. 1808, nach dem Tod Louis Ferdinands, trennte sich Pauline Wiesel von ihrem Mann und übersiedelte nach Paris. Dort starb sie als Madame Vincent, Gattin eines Hauptmanns der Schweizer Garde, fast siebzigjährig. Auch im Alter war die Frau, die man in Berlin als Priesterin der freien Liebe gepriesen, bewundert, aber stets auch ein bißchen beargwöhnt hatte, noch immer schön. Sie hätte in ihrem ganzen Leben noch nie solch einen schönen Körper gesehen, soll die Totenfrau beim Einkleiden ihrer Leiche gesagt haben.

Die letzte jener schönen femmes fatales im 19. Jahrhundert war die Sängerin Henriette Sonntag, die »jöttliche Jette«. Ganz Berlin erlag damals dem »Sonntagfieber«, und dem alternden König Friedrich Wilhelm III. gingen die Ständchen, die ihr die königliche Militärkapelle nachts unter ihrem Balkon darbrachte, mächtig auf die Nerven. Am »Sonntagfieber« zugrunde ging letztlich ihr Mäzen Justizrat Ludolff, dessen märchenhafte Feste in seinem Haus Unter den Linden oder in seiner Sommervilla im Tiergarten zu den großen Events der damaligen Zeit gehörten. Er vergeudete für Henriette Sonntag sein ganzes Vermögen, beging Millionen-Unterschlagungen und setzte, als der Schwindel aufflog, seinem Leben selbst ein Ende. Vorher gab er allerdings noch in dem von Schinkel entworfenen Spiegelsaal der Konditorei Fuchs einen feenhaften Ball, an dem nur die schönsten Frauen Berlins teilnehmen durften. Cherchez les femmes!

Es gab also in der Geschichte Berlins durchaus schöne, kluge und raffinierte Frauen. Dennoch war »die Berlinerin« ein anderer Typus. Gesunder Menschenverstand, das Herz auf dem rechten Fleck, Liebreiz, keß und mitunter frivol, aber moralisch integer. Auch hier stand Volkstümlichkeit höher im Kurs als sinnliche Koketterie. Als Urbild der resoluten, praktisch denkenden Berlinerin gilt Marie Anne Dutitre (1748-1827), die aus einer begüterten Hugenottenfamilie stammte, vorzüglich französisch sprach, aber den Berliner Dialekt bevorzugte. Sie besaß Gemüt, trefflichen Witz und eine respektlose Vertraulichkeit gegen Höhergestellte. Einmal äußerte sie gegenüber ihrer Gesellschafterin: »Stell'n Se sich vor, von B. bin ick zu D. jeloofen und von D. bin ick zu M. jeloofen.« Die Gesellschafterin verbesserte: »On dit gegangen, Madame!« – »Wat heeßt jegangen? Mamselken, ick bin jeloofen, und ick habe den reichen Dutitre jekricht, und Sie sind jejangen und haben keenen jekricht.« Sie war bekannt mit allem und jedem und pflegte sich auch mit dem König bei dessen Spaziergängen im Tiergarten hin und wieder zu unterhalten. Nach dem Tod der Königin Luise sprach sie ihm ihr Mitgefühl mit den Worten aus: »Ach ja, Majestäteken, det is schon schlimm for Sie, wer nimmt denn ooch eenen Witwer mit sieben Kindern!« Willibald Alexis hat ihr in »Ruhe ist die erste Bürgerpflicht« in Gestalt der Madame Braunbiegler ein literarisches Denkmal gesetzt. Bei ihrem herannahenden Tod soll sie gesagt haben: »Wenn ick mir denke, wer von meinen Verwandten all' det scheene Jeld erbt, möcht' ick am liebsten jar nich sterben!«

Sprachlich pflegt man die Zartheit des erotischen Säuselns in Berlin mitnichten. Man nennt auch hier die Dinge drastisch beim Namen. *Büjelbrett* und *Fettgemachte Eens* für eine sehr schlanke Dame mögen fast noch harmlos erscheinen gegenüber *Wo de Brosche is, is vorne!* oder *Beim Baden muß se vorsichtig sind, sonst rutscht se mit's Badewasser durch.* Aber auch dickere Damen müssen kräftig schlucken: Wenn man die Dicke sieht, wird eenem janz fettich im Munde! Eine Dame mit tiefem Dekolleté muß sich schon folgende Frotzelei gefallen lassen: Die benutzt 'n Bauchnabel als Brosche! Und wenn es doch einmal eine Berlinerin geschafft hat, einen alten und reichen Mann zu heiraten, so heißt es despektierlich: Se nimmt den Ollen uff Abbruch un behält die Baustelle. Auch gegenüber ihren Verehrern zeigt die Berlinerin zuerst ihre kesse Seite. Als eine Berlinerin von ihrem Verehrer einmal einen riesengroßen Blumenstrauß erhielt, meinte sie: »Donnerwetter, da kann sich ja 'ne Kuh dran satt fressen.«

Adolf Glaßbrenner

Die Reize der Berlinerin

Hier im Norden ist man weit davon entfernt, wie die Deutschen des Mittelalters, Herz und Lebensblut der Frauen einzuschnüren, ebenso weit wie von dem lüsternen, oberflächlichen Getändel, welches der Franzose des siebzehnten und achtzehnten Jahrhunderts mit ihnen trieb, der nur die äußerliche Schönheit des Weibes, nicht die edle, wundermächtige seiner Seele zu würdigen wußte. Hier ist das Weib wirklich Gefährtin des Lebens, der Engel des Hauses.

In den Zirkeln des Berliner Mittelstandes findet ihr lebendiges Wissen, Liebe für Freiheit, Enthusiasmus für die Kunst, Geist und Humor, und Alles in milder, wohltuender Form. Diese Milde, dieser unbeschreibliche Lebensreiz strömt aus den Frauen Berlins, die zwar schon oft gerühmt sind, aber nicht genug zu rühmen sind. Daß Berlin schöne Frauen hat, davon überzeugt uns die erste Promenade Unter den Linden, in der Friedrich-, Jäger- und Königsstraße, oder wo sonst der Verkehr am lebhaftesten ist. Aber in diesem äußeren Reiz werden sie von der graziöseren Pariserin und von der heiterkoketten Wienerin übertroffen, in ihrem geistigen Reiz schwerlich. Die Berlinerin ist wenig kokett, sie ist vielleicht noch scheuer und prüder, als es den frechen Roués gegenüber notwendig ist. Sie ist echt weiblich und fürchtet die Verletzung dieser Weiblichkeit. Aus ihren Augen spricht nicht das Feuer der Leidenschaft, aber eine Seele schwimmt in diesen Augen, welche uns dennoch im Augenblicke zu fesseln weiß.

Die Berlinerin unterscheidet sich dadurch von den süddeutschen Schönen, daß sie nicht nur Weib für den Mann ist, sondern auch Weib in eigener Gestaltung und Würde. Sie hat sich, ohne Zigarren zu rauchen und Tabagien zu besuchen, in edelster Weise emancipiert. Wie die Berlinerin äußerlich keine vollkommene Schönheit, wie an ihr alles die süße Dissonanz der Schönheit, nämlich Reiz ist, so auch ihr Inneres. Sie ist keine Gelehrte, keine Heldin, keine großherzige Dulderin, keine Humoristin, keine Nonne, aber sie hat von alledem den Reiz in der Form und der Wahrheit der schmeichelndsten Weiblichkeit. Die ganz und gar vornehmen Puppen sind natürlich ausgenommen, diese sind, wie sie eben überall sind. Aber selbst in ihnen, wie in den Ladenmädchen und den gutherzigen, gefälligen Putzmacherinnen, schmeckt man zuweilen etwas von dem Kern berlinischer Weiblichkeit.

In den ärmeren Kreisen, wo diese innere Schönheit nicht durch Bildung gewonnen werden kann, tritt das kecke Bewußtsein Berlins allerdings im Weibe nicht immer angenehm auf; die Weiblichkeit ist für solche Kraft keine Form und wird oft durch sie verletzt. Aber auch hier versöhnt die scharfsinnige, witzige Wendung, die den großen Hegel so interessierte, daß er beim Berliner Volke das wirkliche philosophische Denken anerkannte. Ja, der Berliner und die Berlinerin stehen niemals wie der Ochs am Berge, und bedürfen nicht der Entschuldigung, daß es in Berlin an Bergen fehlt.

1846

David Kalisch

Elvine

1.

Elvine ist Künstlerin – jung, schön, reich. Sie wohnt Friedrichstraße. Machowsky, Pole, Student, nicht Graf, sehr viel Schulden, liebte Elvine heftig. Seit Januar gab er sich alle mögliche Mühe, Elvinens Gunst zu erreichen.
Vergebens! Prinzen, Bankiers, Gesandtschaftsattachés, Theaterintendanten belagerten ihr Antichambre.
Machowsky verzweifelte.

2.

Der achtzehnte März war gekommen. Mit ihm eine furchtbare Barrikade vor Elvinens Hause.
Prinzen, Bankiers, Gesandtschaftsattachés und Theaterintendanten waren heut nicht zum Tee gekommen.
Elvine saß allein in dem hintersten Hinterzimmer ihrer Etage. Da schellte es heftig.
Elvine ist ein kühnes, großes, herrliches Weib.
Sie öffnete.

Es ist Stanislaus Machowsky. Sein Antlitz ist von Pulver geschwärzt, und sein linker Arm scheint zu bluten.
Seine Rechte aber hält eine Doppelflinte.
»Ich werde verfolgt! Ich habe fünf Lieutenants erschossen!«
O Gott! mein Herr! –
»Elvine! retten Sie mich, – wenn Sie ein Mensch sind!«
O Gott! aber wie! –
»In Ihrem Schlafzimmer nur bin ich sicher!«
O Gott! aber wo! –
»Da, wo die Barbaren nicht hinzudringen wagen werden – in den tiefsten Winkel Ihrer Lagerstätte!«
O Gott! aber wann! –
»Jetzt – jetzt – bis morgen früh – wo die Söldner sich zurückziehen müssen.«
O Gott! aber was ...

3.

Herrlich ging die Sonne des neunzehnten März über Berlin auf, obgleich es gegen Mittag schon regnete.
Erwärmend fielen ihre Strahlen in das Zimmer zweier Liebenden.
Am Fenster aber stand eine Doppelflinte.

4.

Aufforderung.
Den jungen Polen, der am achtzehnten März eine alte schadhafte Doppelflinte ohne Schlösser bei mir abgeholt, ersuche ich, mir solche wieder zuzustellen, da sie als altes Familienstück nur für mich Wert hat.
Kuschel, Bürger

1852

Alfred Döblin
Kleine Alltagsgeschichte

Weeste, ick zittere noch, nee frag mir nich, ick komm schon alleene damit, wart een bisken.
Also, ick habe nämlich eben ne Freundin von mir getroffen, von früher, war meine letzte, jetzt hab gakenne mehr, will von keener wat wissen, hab die Neese voll davon. Und det war meine letzte. Wat mit die gewesen ist, det kann ick dir gar nich erzählen. Det gloobt keen Mensch, jewoll, da kannste dir druff verlasssen, det gloobt keen Mensch – son Luder, son Luder. – Na nu ween doch nich, Mensch, gebissen wird sie dir doch nicht haben, und denn bist se doch los! – Bist se los. Natierlich, Mensch, bin ick se los, und wenn die mir vor die Visage tritt, ick sage dir, denn beherrsch mir nich, denn soll die man meine Handschrift, denn soll die wissen, wat los ist, son Luder, det gloobste ja nicht. – Wat denn, nu wat denn. – Gloobt keen Mnesch. – Nu nu. – Ick denk, ick seh nich recht, ick kenn die doch, wer is det, trägt die nen neuen Hut, hat ihn valleicht der Osterhase gebracht, und feine Handschuh und is gar nich wiederzuerkennen und mir kuckt se jar nich an, am Stralauer Tor, da an de Hochbahn, ick denk, mir trifft der Schlag, ick zittere noch immer, so een Luder hats ja noch nich, is ja nich dagewesen. – Hatn Zavalier bei sich gehabt? – Tierlich, die ohne Zavalier, der hat mir leid getan, du den hak nich beneidt, ick nich, dem jehts mal genau wie mir, der hat nich zu lachen, Junge. Will dir man sagen, wat det fürn Luder is. Also wenn de se ankuckst, is nischt an ihr. Sieht nett aus, war Wicklerin bei uns im Betrieb, ick denk, wir loofen een bischen zusammen, nachher nehm ick mir ne andre, so zum Tanzen und Ausgehen wird ja reichen. Na, gemacht, Sie sagt ja und kommt und is allens in Butter. Und denn hab ick mir doch

richtig verkuckt in det Luder, sie macht son Getue und is immer ordentlich und is richtig angezogen, wie sich det gehört. – Nu ween doch nich. – Weeste, wenn ick son Italiener wär wie der, der seine Frau totgeschossen hat, denn hätt ick die umgebracht. – Hat dir betrogen? – Darüber reg ick mir uff, betrügen tun alle Weiber, wir sind ja ooch nich besser als die, det is et nich, det hat sie ooch getan, aber wie, nach Strich und Faden, aber det nich. Die war ja so gemein. Also, ick merk doch, – nee, weeste wie et war? Die muß mir verzaubert haben! – Mensch.–

Anders ist det nich zu verstehen. Ick habe doch meinen gesunden Verstand, mir hat doch keener, ick geh in die Fabrik und weeß und tu doch, na seh mir doch an, hak nich meinen gesunden Verstand, also, sie sagt, wir wollen uns bei ihr vor die Tür treffen und ick geh hin mit meinn gesunden Verstand, und ick sag, ick werd die verdreschen, det ooch keen Stück an ihr ganz bleibt, und denn gehn wir und denn, denn, und denn redt sie nich und denn frag ick: warum gibst mir keene Antwort, bin ick dein Dussel oder biste taub, und denn kuckt sie weg und hält meinn Arm fest, und ick wer wütend und denn zieht se mir rum, son Luder, und weent, die weent, Mensch, die kann weenen, wenn de een Jroschen inn Automat schmeißt, so scheen kann der det nich wie die, und denn muß ick ihr nach Hause bringen, denn wat soll ick uff de Straße mit son Getue, die Leite kucken einen an, denken, ick hab die wat getan, ick die, Mensch, is ja zu lachen, aber so sieht det aus, so is det immer, immer hast du die wat getan. –

Denn hat se dir doch noch lange nich verzaubert! Wo hat sie dir denn verzaubert, wenn se dir bloß einseifen dut. – Sag ich doch, erzähl det een Menschen und schon heest et: einseifen und bist ja keen Mann, wat gloobste, hat mein Bruder zu mir gesagt: bist ja keen Mann, aber denn sei du ma dabei und paß uff, oder mein Bruder, wie die det Ding fingert. Ihr kennt reden, ja kennt ihr. Ick denke, ick geh ruff und werde ihr Bescheid stoßen, und denn sind keene zehn Minuten um, da stehste da und bist schon zufrieden, wenn se nischt sagt, daß se bloß die Luft anhält, det sie bloß uffhört. Mensch, Mensch, sie hört nich uff, sie sagt »ja« zu alles, wat du willst, und bettelt und heult, und ruft det ganze Haus zusammen und schmeißt sich uff die Erde – und Mensch, Mensch. –

Jott, ist dabei! Machen alle so, bist bloß grün, uff son Kalmus piept een Erwachsener nich. – Quatsch nicht, quatsch du bloß ooch nich, dazu setz ick mir her, damit du ooch noch quatschst, denn jeh ick schon lieber und zopp ab. – Na is ooch quatsch! Und ick sag dir ooch. – Und du verstehst von soviel wie meine Großmutter vom Radfahren, nischt. – Is quatsch du, und is quatsch mit dein Verzaubern. – Wenn dus weest. – Na wie is es dann? – Edgar. – Sag ick doch, det du übergefahren bist. – Werd ick dirs erklären, weil du mein Freund bist. Heerste! Die verzaubert dir! Det hat sie getan, det is nich natierlich zugegangen, nie und nimmer, sag ick dir! Ick hol ihr ab vom Betrieb, ick hab den hellsten Kopp, ick will Schluß machen mit se, denk ich, denk ich, – und da will ick Karl Piepenstengel heißen, wenn ick nich klar im Kopp bin wie jetzt und sage: aus is et, Kaline, wat zuviel ist, ist zuviel, und man is ooch nur een Mensch und det hat ja alles ja keen Zweck und die es een Luder und Canallje, wie sie im Buch steht, und ick will den ganzen Zauber nich mehr und denn. – Denn kommste vielleicht grade uff ihren Bau, wenn een anderer davor spaziert und wartet und kuckt sie an und du bist besoffen und merkst nischt, du merkst eben nischt, wat sagste, nachher merkste allet, denn schlägste dir an den Kopp, und wie is denn sowat möglich, und denn haste noch alles im Deetz, wat sie dir von ihr gestoßen ham,

und du sagst et ihr, Stück um Stück, jedes Gericht würde sagen, nützt nischt, war alles ganz anders. – Und denn fällste mit ihr in de Klappe. – Wenn det noch wenigstens. Habe det Luder nich mehr anfassen können, ick hab –. – Gloob ich nich. – Denn noch. Und det is drei Monat so gegangen, du, und nu sag du. Und denn – is sie weggeloofen, sie, sie, und ick bin ihr nachgeloofen. – Warum denn, warum aber bloß? –
Und denn war ick schon ganz kaputt und hab mir wieder erholt und denn treff ick die am Stralauer Tor. Und die gehts gut, und die strahlt übers ganze Gesicht und darum hab ick die Monate über det ausgehalten und die hat een Zavalier am Arm und ick hätt ihr überm Haufen knallen müssen oder mir selber. –
Mensch, wenn du nich verrückt bist.

1926

Gabriele Tergit
Die Luxusgroßmama

Um halb zehn telephoniert sie mit der verheirateten Tochter. »Na, Kindchen, wie geht es? Wie war's bei Lehmanns gestern abend? – Das Essen war nicht gut? Das habe ich mir gedacht. Bei Lehmanns ist das Essen nie gut. Sie bestellen immer beim Traiteur. Gut ist es nur, wenn man im Hause selbst kocht. Ich habe es Trude Lehmann immer gesagt, sie soll unsere Kriepke nehmen, da weiß man, was man hat. Was gab's denn? – Ach, der ewige Portionsschlei, den hat man sich doch den ganzen Winter übergegessen, und wenn man nicht mindestens ein halbes Pfund auf die Person rechnet, hat man nichts als Gräten. Und nur Butterkugeln dazu? – Und dann Pute? Trocken? – Natürlich trocken. Puten sind nie saftig. – Kompott haben sie gegeben? – Ich versteh Trude wirklich nicht. Kompott ist doch ganz altmodisch. Und später? – Hat nicht mit dem Mokka geklappt. Ich möchte einmal erleben, daß es bei Lehmanns mit dem Mokka klappt. Trude ist ja untüchtig. Sie versteht es auch nicht mit den Dienstboten. Sie verwöhnt alle Angestellten. Und dann gibt sie nur Butterkugeln zum Schlei. – Ich glaube, daß es ihnen sehr gut geht. Ach nein, nicht durchs Geschäft. Vater meint, eine Transaktion. Er soll 10000 Mark auf einen Hieb verdient haben, es können auch 100000 Mark sein. Ich weiß es nicht. Wie geht's bei euch? Was sagt dein Mann? – Auch nicht gut? Weißt du, die Herren klagen immer. Wenn es nach ihnen geht, sollte man nie was ausgeben. Sie sehen immer schwarz.
Warst du nun gestern bei der Glauker? Du kannst nur zur Glauker gehen. Das andere taugt ja nichts. Du willst also Frisko nehmen? Das würde ich nicht tun. Das hat doch schon voriges Jahr alles getragen. Nimm lieber Panama.

Warst du gestern bei der Modenschau von Mohr? Ich war vorgestern. Da war eine Zusammenstellung aus beige, rosé und bleu, bezaubernd und noch nicht einmal sehr teuer. Fünfhundert. Käte ist ja ein gerissenes Ding. Sie hat mit Mohr verabredet, daß er siebenhundert Mark sagt, wenn sie mit ihrem Mann kommt, und sich dann zweihundert abhandeln läßt. Sie sagt, ihr Erich ist dann so begeistert von seiner Tüchtigkeit, daß er sofort kauft. Die versteht's. Anders als du. Ich verstehe dich ja nicht. Willst du täglich in dem braunen Mantel herumlaufen? Den kannst du unmöglich weiter tragen. Du hast deinen Mann zu sehr verwöhnt. Aus den Männern ist nie Geld rauszukriegen. Sie wollen schenken. Schick ihm die Rechnung, dann ist er einverstanden. Übrigens, die neuen Schuhe gefielen mir zu Hause gar nicht mehr. Ich habe aber glücklicherweise eine kleine Schramme über dem linken Hacken entdeckt, und da habe ich sie zurückgetragen. Sie wollten sie nicht zurücknehmen, ich sagte aber, ein lädiertes Paar nehme ich nicht, und wenn sie mich als Kundin behalten wollten, dann müßten sie es tun. Da haben sie es dann auch getan.
Wie war denn gestern dein Georgettekleid? Gut? – Ich finde es nicht mehr ganz tadellos. Lotte? – So? – Paris? – Neu? – Gut? – Na, soweit Lotte gut aussehen kann. Die jungen Leute heutzutage sind ja blind, sehen nur die Verpackung. Sie ist doch tatsächlich häßlich. Hast du dir schon mal den kleinen Finger von ihrer linken Hand angesehen, also, das ist was Unglaubliches, völlig unproportioniert. Daß das nicht jeden abstößt. Dabei hat ihr Mann jetzt einen Maybach und läßt sie allein nach Paris. Ich bin nicht mißtrauisch, aber man gibt doch den Leuten keinen Anlaß zum Reden! Du hast ganz recht, was man heutzutage alles einlädt. Aber Lehmanns sind kein Maßstab. Apropos einladen, wie hältst du es mit Ludwigs neuer Frau? Als Junggeselle war er mir ja

lieb und wert. Aber mit der Frau jetzt weiterzuverkehren? Nein, wenn es noch eine Schauspielerin wäre, oder Film oder irgend etwas, aber bloß sein gewesenes Verhältnis. Das sehe ich nicht ein. – Ja, sie soll sehr nett sein. Die Geheimrat Dicks hat mit ihr Einkäufe gemacht. Natürlich, da hat sie doch jemanden, zu dem sie sagen kann: ›nur Blau ist richtig, liebes Kindchen.‹ Das tut sie nur aus Protektionswut. Die Dicks sind ja überspannt. Die Tochter soll von ihrem Musiker wieder geschieden werden. Was sind das auch für Sachen. Wenn es noch ein Kapellmeister gewesen wäre oder irgendein Mann mit einem Namen, aber der war doch nichts. Das sah man gleich. Aber ich glaube, wir laden Ludwigs Frau doch ein. Da ist unser Gustav tüchtiger. Wird schrecklich viel eingeladen. Wollen ihn natürlich angeln. Aber er denkt doch gar nicht daran, Mädchen sind keine Heringsware, die man aufhebt für lange Jahre. Aber die jungen Leute wären ja dumm, wenn sie heiraten würden. –
Ach, Baby kommt ans Telephon. Ja, was ist denn das, na mein Honigschnuckelchen, na, du Süßes, wann kommst du denn zu der Oma? Morgen? Ja? Mein Süßes, ja. Ada, ada gehen. Geh nur mit der Nenna.
Er ist süß und kolossal weit. Ich habe gestern den kleinen Fips von Käte gesehen, der ist drei Monate älter als unsrer und spricht noch gar nichts, er läuft allerdings. Macht im ganzen einen zurückgebliebenen Eindruck, ist auch unliebenswürdig. Sie ernähren es ja auch falsch. Ich habe ihr gesagt, sie soll unsern Arzt nehmen, und unsere Kinderfrau war auch viel besser.
Kommst du morgen früh mit in die Zentralmarkthalle? Vater schickt mir den Wagen. Ich besorge dann gleich dort das Fleisch, es ist mindestens 15 Pfennig das Pfund billiger wie hier draußen. Ich will dann noch mal zur Putzmacherin gehen.

Nachmittag ist Bridge, und dann hat Frau Tührke mir gesagt, daß ich in einen Vortrag von Miethe über Raffael mitkommen soll. Morgen abend kommt die Miß, willst du nicht auch mitkommen? Eine reizende Person spricht vorzüglich. Ich finde das sehr hübsch, daß ihr so viel eingeladen seid. Wenn man jung ist, muß man tanzen.
Übrigens habe ich mich jetzt über die verschiedenen Gymnastiksysteme orientiert. Mensendieck ist für mich zu anstrengend, Laban und Loheland sind eigentlich nur für Grazie, Bode verbindet es mit Turnen, ich gehe aber nächste Woche noch einmal zu anderen Kursen, um es mir anzusehen. – Nein, wir werden Ostern nicht verreisen. Vati kann jetzt nicht weg, du weißt doch, wie die Herren sind, und im Juni oder Juli müssen wir nach Gastein.
Jetzt muß ich aber aufhören. Denke dir, die Grete hatte sich doch das Bein gebrochen, nun haben sie sie gestern mit der Bahre in den Schlafwagen gebracht, nach Cannes. Warum sie nicht hier blieb? Na, sie hatten sich doch schon im Palace Zimmer bestellt. Schrecklich, nicht?«

1931

Stéphane Roussel

Guter Rat

Ich begleite Margot in eine Klinik, außerhalb von Berlin gelegen, spezialisiert auf Nervenbehandlungen und Entziehungskuren. Margot ist ein schönes Mädchen, das alles mitmachen will: tanzen, trinken, vielleicht auch koksen. Nun soll sie wieder gesund werden.
Dr. G., der die Klinik leitet, nimmt uns in Empfang. »Welche von beiden ist die Kranke?«

Es klingt wie eine Herausforderung, denn Margot, die sich nur mühsam auf den Beinen hält, ist sichtlich schlechter dran als ich. Sie wird einem Krankenpfleger übergeben.
Etwas später, in seinem Arbeitszimmer, entschuldigt sich der Chefarzt: »Sie sehen elend aus. Sie bekommen nicht genug Schlaf. Seien Sie vorsichtig. Berlin ist die Stadt der Versuchungen, überall lauern Fallen. Man muß dagegen ankämpfen. Es braucht Willensstärke.« Er wiederholt: »Willensstärke.«
»Und vor allem, meine Liebe, wenn man so hart arbeiten muß wie Sie und ich – keinen Alkohol.«
Auf seinem Schreibtisch steht mahnend eine große, mit Wasser gefüllte Kristallkaraffe.
Ich nehme Abschied von Margot und fahre nach Berlin zurück. Ich will mir das, was er gesagt hat, zu Herzen nehmen. Schon heute abend. Wir sind mitten im Karneval, ich werde von Freunden auf einem Maskenball erwartet. Ich versuche abzusagen. »Sei keine Spielverderberin.« Ich gebe nach.
Vor kurzem ist der Film »Der Blaue Engel« mit Marlene Dietrich herausgekommen. »Von Kopf bis Fuß ...« Konnte man sich für einen Maskenball ein schöneres Kostüm ausdenken? Mit dem kleinen Zylinderhut auf dem Kopf? Niemals zuvor habe ich in einem Ballsaal so viele Marlenen gesehen.
Nicht alle sind für die Rolle geschaffen. Eine jedoch ragt über die anderen hinaus: lange, schöne Beine, schwingende Bewegungen eines hohen schlanken Körpers. Das Gesicht? Die Maske verbirgt die Züge. In Marlenens Arm tanzt ein Kaninchen, das sich später, demaskiert, als reizvoller junger Mann entpuppt.
Marlene aber, die eleganteste aller anwesenden Marlenen, ist niemand anderer als Doktor G., der noch vor wenigen

Stunden in seinem Arbeitszimmer so gut von Berlins Gefahren zu sprechen wußte. Er hat die Maske abgenommen und ist, noch immer das Kaninchen am Arm, auf dem Wege zur Bar. Wo der Barmann, der ihn offenbar kennt, dabei ist, dem Arzt zulächelnd, eine Sektflasche zu öffnen.
Ich gehe früh zu Bett. Ehe ich einschlafe, muß ich an die große, mit klarem Wasser gefüllte Kristallkaraffe denken, die auf dem Schreibtisch des Arztes steht.
Ob das Wasser täglich erneuert wird?

1995

Berlin lag mir schon wieder derart im Magen, daß ich ehrlich froh war, als es mir auch im Rücken lag.

Erich Mühsam

Berliner Küche und Keller

Wenn der Berliner Urlaub macht, ist er eigentlich dankbar, daß er mal eine andere Küche kennenlernt – obwohl er nicht müde wird zu bedauern, was ihm jenseits der Berliner und Brandenburger gastronomischen Landesgrenzen alles zugemutet wird. Keine Bange, diese Entwöhnungserscheinungen sind in den meisten Fällen nur gespielt. Außerhalb Berlins wird die Berliner Küche eher quantitav als qualitativ geschätzt. Das heißt: Thüringern, Alemannen, Italienern und Franzosen läuft bei der »Küche à la Berlinoise« nicht etwa das Wasser im Munde zusammen. Mehr oder weniger solide Hausmannskost sind für den Ruf dieser Küche prägender gewesen als ein besonderes Raffinement der Zubereitung oder gar Extravaganzen der Zutaten. Das hat sich bis heute kaum geändert. Dennoch findet man inzwischen in der Stadt eine ganze Reihe internationaler Restaurants. Aber gemessen an München, Hamburg oder Frankfurt kann man den Edelitaliener oder den raffinierten Franzosen in Berlin an einer Hand abzählen. Allerdings hat sich die Küche heute so internationalisiert, daß man die »haute cuisine« auch in Restaurants findet, die sich auf deutsche Küche spezialisiert haben.

Die typische Berliner Küche läßt eine ausgeprägte Vorliebe für zerkleinertes und gepökeltes Fleisch erkennen, was man an solchen

Gerichten wie Hackepeter, Buletten, Falscher Hase, Bockwurst, Gulasch, Sülze sowie an Eisbein, Kasseler, Pökelkamm feststellen kann. An Fischen sind es die einheimischen Seefische, unter ihnen vor allem Aal grün und Havelzander mit Dillsauce; früher waren auch Havelkrebse eine vorzügliche und sogar erschwingliche Delikatesse; seit der 1870 zum erstenmal aufgetretenen Krebspest sind die Bestände arg dezimiert worden und haben sich – trotz Auffrischung mit robusteren Krebsarten aus Nordamerika – davon nie wieder richtig erholt.

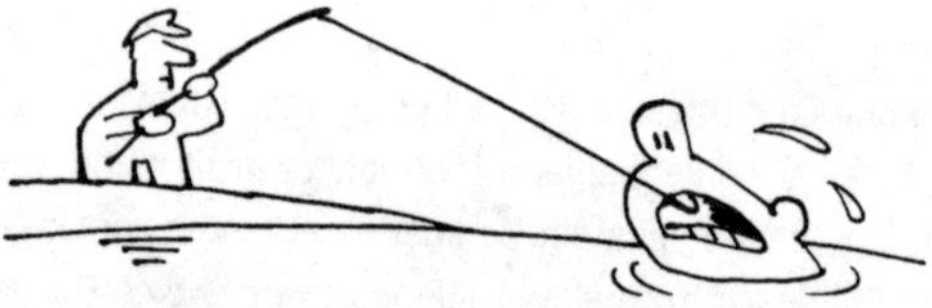

Zur Berliner Küche gehört auch das, was auf den kargen Feldern der früheren Mark und des jetzigen Landes Brandenburg angebaut, verarbeitet, gekocht, gegessen und getrunken wird: Spargel aus Beelitz, Gurken aus dem Spreewald, Rübchen aus Teltow (einst eine Delikatesse), Obst aus dem Havelland. Bis zum Ende des 17. Jahrhunderts waren Kohl und Rüben das einzige Gemüse der Berliner. Den französischen Hugenotten ist der Anbau von Spargel, Salat, Blumenkohl und grünen Erbsen zu verdanken. Früher gehörten Biersuppen zu den häufigsten Gerichten der Berliner; heute findet man sie so gut wie gar nicht mehr. Überlebt als typisches Berliner Gericht hat die Erbsensuppe – die Lieblingsspeise von Heinrich Heine. Eine Rezeptsammlung zur Berliner Küche stammt übrigens von der Großmutter Theodor Fontanes aus dem Jahre 1795. Auch Fontane selbst hat sowohl in den »Wanderungen« als auch in seinen Romanen wiederholt auf typische Berliner Gerichte Bezug genommen.

Das bekannteste Fleischgericht und wohl auch des Berliners Lieblingsgericht ist das Eisbein: gepökelt und mit verschiedenen Gewürzen gekocht, dazu mit Erbspüree und Sauerkraut serviert, hat es nicht nur Klopstock und Kant, sondern auch Marlene Dietrich begeistert. Älter als das Gericht ist sein Name. Früher schnitzte man Kindern aus dem Kniebein des Schweines nämlich Schlittschuhe, die man »Eisbein« nannte. So kann Berlin für sich die Einmaligkeit in Anspruch nehmen (was immer noch nicht im Guinness-Buch der Rekorde steht!), daß ein Knochen letztlich dem Fleisch den Namen gegeben hat.
Überhaupt aß man im Mittelalter – so man hatte – mehr Fleisch als anderes, sieht man von Grütze- oder Hirsebrei einmal ab. Die Kartoffel hielt erst unter Friedrich II. mit viel königlichem Druck Einzug in Preußen. Dann war sie allerdings nicht mehr aus dem Speiseplan der Berliner wegzudenken.
Den wenigsten dürfte auch bekannt sein, daß der in ganz Deutschland beliebte Kasseler nichts mit der Stadt Kassel zu tun hat. In der Potsdamer Straße 15 bot um die achtziger Jahre des vorigen Jahrhunderts der Fleischermeister Cassel leicht angeräucherten und dann in Salzlake eingelegten Schweinerücken an, der den Vorteil hatte, sich in kühlschrankloser Zeit länger als gewöhnliches Schweinefleisch zu halten und auch hervorragend zu Sauerkraut schmeckte. Ihm verdanken verschiedene Gerichte wie Kasseler Rippenspeer, Kasseler Kamm oder Kasseler Rippchen ihren Ursprung und Namen.
Eine andere Berliner Spezialität, der Hackepeter, wurde zum erstenmal 1903 erwähnt. Der Gastwirt Eduard Martin bot ihn am Büffet seiner Eckkneipe in der Landsberger Straße an. Aus frischem Schweinefleisch zubereitet (zwei Drittel mager, ein Drittel fett), grob durch den Wolf gedreht, mit kleingehackten Zwiebeln, Pfeffer und Salz gewürzt, wurde der Hackepeter ein appetitanregender Happen, der den Bierkonsum beträchtlich förderte. Eng verwandt damit ist die Bulette, deren Anteile aus Schweine- und Rindfleisch sowie Schrippe sehr individuellen, wenn nicht gar dubiosen, Mischungsverhältnissen un-

terliegen, die aber gebraten neben Eisbein und Bockwurst das wohl volkstümlichste Nahrungsmittel der Berliner geworden ist.
Die Tradition der Bockbierfeste war die Geburtsstunde der Bockwurst. Der Metzgermeister Löwenthal in der Friedrich-/Ecke Krausenstraße hatte diese Neuheit vor gut hundert Jahren erfunden. Als einmal zechende Studenten den Gastwirt Richard Scholz baten, ihnen zum Bockbier etwas Eßbares zu besorgen, erinnerte sich dieser an Löwenthals Würste und ließ einen Korb davon herbeischaffen. So erhielt die Wurst an diesem Abend den Namen »Bockwurst«. Sie ist heute noch genauso beliebt wie damals, hat allerdings durch die Currywurst Konkurrenz bekommen, von der behauptet wird, daß auch sie eine Berliner Erfindung sei – zumindest habe die Saucenmischung in den fünfziger Jahren Herta Heuwer in ihrer Currywurstbude am Stuttgarter Platz kreiert.

Über Jahrhunderte hinweg waren die Bauern des Oderbruchs Hauptlieferanten von Gänsen für die Hauptstadt. Jeden Freitag fand auf dem Dönhoffplatz der berühmte Gänsemarkt statt, auf dem es stets hoch herging, denn die Gans gehörte zum Inbegriff der gutbürgerlichen Küche. Auch an der Zubereitung des traditionellen Gänsebratens zu Weihnachten hat sich bis heute nichts geändert: mit Äpfeln gefüllt, mit Beifuß, Salbei und Salz gewürzt und schön knusprig gebraten heißt es eben gut berlinisch: Eene jut jebrat'ne Jans is eene jute Jabe Jottes!
Jahrhundertelang war das Brot – in unterschiedlicher Gestalt – das Hauptnahrungsmittel der Berliner. Der erste Innungsbrief, den der Rat 1272 an Handwerker vergab, war für die Bäcker bestimmt. Und auch mit der Prüfung nahm es die Stadt genau. Alle zwei Jahre wurden erfahrene Bäcker zu »Gütekontrolleuren« gewählt. Wenn das ge-

backene Brot den strengen Qualitätskriterien nicht standhielt, so kam der Bäcker dafür zur Strafe ins Armenhaus. Das Zeichen der Innung war die Brezel, und so war es nur natürlich, daß die Brezel neben dem Brot das bekannteste Backwerk wurde. Vor gut hundertfünfzig Jahren war die Rede von Zimtbrezeln, Mandelbrezeln, Englischen Blätterbrezeln, Nürnberger Brezeln, Zitronenbrezeln und anderen; ein besonderer Brauch war das Fest der Brezeltänze, und manche Bäcker hatten sich so auf originelle Formen und Sorten spezialisiert, daß man schon von »Brezelbäckern« sprechen konnte. 1820 erblickte die Schrippe, ein Brötchen aus Weizenmehl mit einem Einschnitt auf der Oberseite, das Licht der Welt. Zur Schrippe gesellte sich bald der »Schusterjunge«, ein Brötchen aus Roggenmehl, das seinen Namen von den Lehrlingen der Schuhmacherzunft ableitete, die aus dem damaligen Stadtbild nicht wegzudenken waren und auf der untersten sozialen Stufe standen. Mit Vorliebe wurden diese »Schusterjungen« mit Schmalz bestrichen und mit Harzer Käse belegt.
Ein anderes beliebtes Gebäck der Berliner ist der »Berliner« selbst, ein Pfannkuchen, der allerdings nicht in der Pfanne gebraten und als Eierkuchen angeboten wird – wie in anderen Landstrichen unter diesem Namen üblich –, sondern ein rundes mit Marmelade gefülltes Gebäck ist. Erfunden wurde es während des Siebenjährigen Krieges von einem jungen Berliner, der zur Artillerie eingezogen worden war, und den die Kanonenkugeln als Muster für die Form seiner Schöpfung anregten. Auch der Blätterteig ist eine Berliner Erfindung, und seit Generationen erzählt man sich unter Berliner Bäckern seine Ent-

stehung so: Die Gesellen eines Berliner Bäckers hatten zum Frühstück stets die Butter verzehrt, die ihnen der Meister zum Backen abgewogen hatte. Eines Tages nun überraschte sie der Meister beim Frühstück. Einer der Gesellen schlug das Stück Butter geistesgegenwärtig in einen ausgerollten Blechkuchen ein und rollte anschließend den Teig mehrmals aus, wobei er jeweils die Ecken umschlug, damit sich die Butter gut verteilen und der Meister nichts merken sollte. Keiner dachte mehr an den Vorfall, der Teig landete mit den anderen im Backofen. Das Ergebnis war ein schöner, lockerer Blätterteig, der sich bei den Kunden großer Beliebtheit erfreute und von da an regelmäßig gebacken wurde.

Essen macht bekanntlich durstig, und neben Eisbein und Bulette ist das Bier das wichtigste Nahrungsmittel der Berliner. Das war es seit 1288, der ersten urkundlichen Erwähnung des Berliner Brauens, in der Tat, denn es wurde kalt und warm vor allem zu Suppen und Saucen verwandt. Als Getränk stand das Bernauer Bier über dem Berliner. Im Mittelalter hatten Bierkoster, sogenannte »Bierkieser«, die Aufgabe, die Qualität des Bieres zu prüfen. In Bernau bediente man sich dafür einer einfachen, aber wirkungsvollen Methode: Die »Bierkieser« kamen mit Lederhosen bekleidet in die Brauerei, begossen eine hölzerne Bank reichlich mit Bier, setzten sich dann mehrere Stunden, um ausgiebig zu bechern und zu speisen. Klebte die Lederhose nach dieser Prozedur an der Bank fest, wurde das Bier für gut befunden. Allmählich wurde das dunkle Bernauer Bier von helleren Sorten abgelöst, unter ihnen ein schwach alkoholhaltiges Bier aus Gerste und Weizenmalz, das Ende des 16. Jahrhunderts von Hamburg nach Berlin kam. Doch erst die Herstellung mit Berliner Wasser machte aus diesem bald »Weißbier« genannten Gebräu eine besondere Spezialität: die Berliner Weiße. Es soll zuerst dort gebraut worden sein, wo auf der Fischerinsel das Gasthaus »Zum Nußbaum« stand. In der Folgezeit wurde die »Berliner Weiße« des Berliners liebstes Getränk. 1839 schließlich brachte der pfälzische Braumeister Hopf (was für ein Name für einen Brauer!) das Bockbier nach Berlin

und ist damit gewiß der »geistige« Vater aller Berliner Bockbierfeste geworden.
Die Berliner Küche ist auch ein schier unerschöpflicher Quell für Witze; meist sind es fehlende Zutaten oder ein Zuviel des Guten, was dem Gast bei der Speise aufstößt: Wütend ruft ein Berliner nach dem Ober, als er einen Mantelknopf in seiner Suppe findet. »Na wat denn«, meint der Ober gelassen, »möchten woll for Ihre paar Fennje 'n janzen Mantel in de Suppe ham?« – Oder jener, der seinen Kirschkuchen bestellt hat und ihn nun mißtrauisch beäugt: »Det soll Kirschkuchen sein? Da sind ja überhaupt keene Kirschen!« – »Na«, meint der Kellner, »ha'm Sie schon mal Hundekuchen jejessen, wo 'n Hund drin war?«
Noch beliebter waren natürlich die mehr oder weniger derben Witze über das Trinken – vielmehr die Folgen übermäßigen Genusses: In einer Wirtschaft hat ein geschäftstüchtiger Wirt den Brauch eingeführt, daß jeder, der drei Gläser Schnaps bestellt hat, das vierte umsonst bekommt. Eines Tages betritt ein Mann das Lokal und sagt zum Wirt: »Schenken Se mir mal eenen ein – aber jleich den vierten.«
Oder jene Geschichte, da der Herr seinen Diener anherrscht: »Aber Karl, es ist erst zehn und Sie sind schon wieder sternhagelvoll!« – »Sie verzeihen, Herr Jeheimrat, heut nich. Det is noch von jestern.«

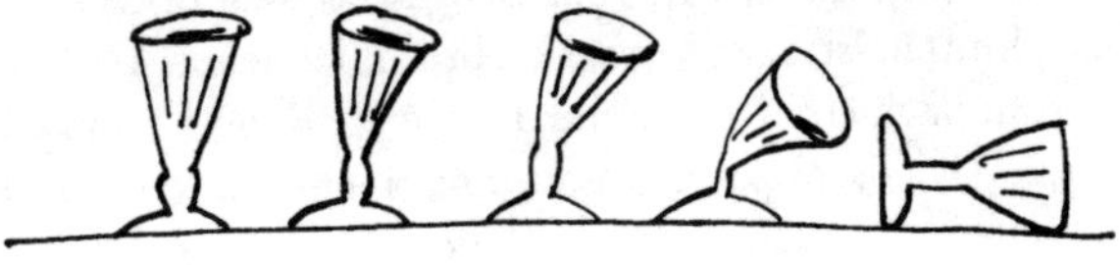

Luc Gersal
Das Weißbier

Berlin hat eine Spezialität, das berühmte Weißbier, von welchem der Baedeker erklärt, daß es Fremden nicht zu munden pflegt. Für Sachverständige erwähne ich, daß das Malz dieses Bieres aus 3/4 Teilen Roggen und 1/4 Gerste besteht und daß es 3,5–4% Alkohol enthält. Den übrigen Lesern wüßte ich das Weißbier nicht besser zu beschreiben, als indem ich es mit einem Champagner niedriger Art vergleiche. Es ist eine helle, prickelnde, moussierende Flüssigkeit und wird auf Steinkrüge oder Flaschen gezogen, deren Stöpsel mit Bindfaden versichert werden. Wenn man es richtig eingießt, so entwickelt sich eine beträchtliche Menge frischen. leichten Schaumes, in dem mit leichtem Knistern die Kohlensäure in kleinen Blasen emporsteigt. Zweifellos ist es dieser schneeige Schaum, welcher dem Bier seinen Namen gegeben hat, denn die richtige Bezeichnung dafür wäre eigentlich: die kühle Blonde, wie man es bisweilen scherzweise nennt. In Folge der beträchtlichen Schaumentwicklung bedarf man sehr weiter Gläser. Man bedient sich daher entweder riesiger Pokale oder öfter noch einfacher Gefäße aus weißem Glas, die einem Einmachglas, dessen oberer Teil abgeschnitten ist, zum Verwechseln ähnlich sehen. Der Boden ruht flach auf dem Tische. Der obere Rand ist, um das Reißen des Glases zu verhüten, mit einem weißen Porzellanstreifen versehen, wodurch die Lippen des Trinkers geschützt werden.
Lassen wir uns eine Flasche bringen. Der gelöste Korken fliegt an die Decke wie beim besten Champagner. Die blinde Flüssigkeit ergießt sich in das Glas, welches alsbald mit dichtem, weißem Schaum bedeckt wird. Das Glas hat keinen Henkel; um es daher zum Munde zu führen, müssen

wir es wie ein Kind mit beiden Händen umspannen. Diesen Augenblick muß man abwarten, um den echten Weißbiertrinker zu beobachten: er legt seine Zigarre beiseite, führt mit langsamer, nachdenklicher Bewegung das Glas zum Munde, öffnet die Lippen und trinkt, ohne sich zu beeilen, in langsamen, abgemessenen Zügen. Dann stellt er mit der gleichen ruhigen Bewegung das Glas wieder auf den Tisch und läßt mit glücklichem Gesicht, welches anzusehen ein Vergnügen ist, seine Augen im Zimmer umhergehen. Hat ihm das Getränk gefallen, so spricht er entweder zu sich selbst oder mit halblauter Stimme, zu seinem Nachbar gewandt, gelassen die großen Worte: »Die Weeße is jut!« Alsdann nimmt er schweigend seine Zigarre wieder auf und fährt fort zu rauchen, in der tiefsinnigen, weltenentrückten Haltung jener glücklichen Wesen, die nicht denken.

Nichtsdestoweniger hat er dem Kellner ein Zeichen gegeben, und flink bringt dieser ein umfangreiches Glas Kümmel herbei, welches der Weißbierphilister, ohne mit der Wimper zu zucken, in einem Zug verschwinden läßt. – Nunmehr stoße ich mit meiner Beschreibung auf Schwierigkeiten. – Ständen mir die zarten Ausdrücke zur Verfügung, deren sich Armand Sylvestre mit so großer Gewandtheit bedient, um Dinge zu sagen, die keineswegs zart sind, so wäre alles gut. Aber ich traue mir wirklich nicht ... Das Weißbier hat nämlich seine besonderen Eigenschaften, von denen man in der Gesellschaft nicht zu sprechen pflegt. Man verstehe mich recht. Das Bier entwickelt sehr viel Kohlensäure; ist dieselbe einmal gefangen, so muß sie auf irgendeine Art einen Ausweg finden ... und nun ... gibt man sich einer Beschäftigung hin, die namentlich die Engländer nach dem Essen mit Vorliebe zu üben pflegen – man läßt die Kohlensäure mit Bedauern wieder entweichen. Der Kümmel hat lediglich den Zweck, dieses Entweichen zu erleichtern; aus diesem Grunde hat man ihm den Namen Luft gegeben. In den Kreisen der mittleren Gesellschaft nimmt man daher an dem, was ich sage, weiter keinen Anstoß. Man sucht nichts darin; aber man geniert sich auch nicht, bei eintretender Gelegenheit durch ein tiefempfundenes Rülpsen zu bezeugen, daß man gut gespeist hat. Das Weißbier ist nie das Getränk der vornehmen Gesellschaft gewesen. Man überläßt es den Leuten aus dem Volke und dem Bürgerstande. Dennoch ist eine Berliner Weißbierstube eine Sehenswürdigkeit. In den abgelegenen Winkeln derselben haben sich einzelne Elemente des alten Berlin erhalten. Im allgemeinen speist man in ihnen gut und billig. Die Fremden und das feinere Publikum gehen nicht dorthin; die Stuben bilden also eine ausgezeichnete Zufluchtsstätte für die biederen, ruhigen Berliner, die sich als Feinde des geräuschvollen Lebens nach Wohlbehagen, Zwanglosigkeit und Gemütlichkeit sehnen.

Das Weißbier ist oft verleumdet worden. Flüchtige Reisende behandeln es mit Geringschätzung; höher gestellte Leute würden glauben, sich etwas zu vergeben, wenn sie davon sprächen, aber mag man Fremder oder Einheimischer, reich oder arm, gut oder schlecht erzogen sein, wenn man jemals im Sommer oder nach Schluß des Theaters brennenden Durst gehabt, jenen Durst, der weder durch Kaffee noch durch Bier zu löschen ist, so wird man sich stets liebevoll der kühlen Blonden, des Champagners der Berliner Armen, des säuerlichen, erfrischenden Weißbieres erinnern.

1892

Arnold Höllriegel

Donnerwetter inbegriffen

Berlin wird jetzt so amerikanisch ...
Als ich diesmal herfuhr, hatte das obere Schlafwagenabteil ein Amerikaner, Marke Jung-Babbit. Breitschultrig, vergnügt, strahlend wie eine Kinofassade auf dem Broadway. Ich liebe den Typus, obwohl ich ihn nicht besonders verehre. Er fragte: »Was soll ich mir denn in Berlin ansehen?« Er kannte Berlin nicht, verstand auch nur wenig deutsch. Ich überlegte schleunig. Die Museen? Interessieren den nicht! Ich sagte, ich kenne den Typus:
»Da gibt es ein großes Restaurant ... Rheinterasse mit echtem Gewitter! Schwarzer Kaffee von einem Mohrentürken gebraut. Oder lieben Sie spanische Stimmung? Wildwest! Grinzing!, viel echter als selbst in Wien ... Also, das müssen Sie sehen!«
Er strahlte wie die Außenseite des Roxytheaters an einem New Yorker Abend.

Berlin wird ja jetzt so amerikanisch. Amerikanisch ist, unter anderem, eine gewisse handliche Art von Exotik, Romantik. Sinclair Lewis, der die amerikanischen Menschen abmalt, hat außer dem Babbit auch »Unseren Mister Wren« geschildert, einen Mann, den der Anblick gefüllter Oliven zum Träumen bringt – er sieht gleich Kastagnetten, Toreros, ein vages Sevilla, was weiß er im Grunde davon; ein Mayonnaisensalat läßt ihn Frankreich träumen; das chinesische Restaurant Chop Suey ist nicht nur wohlfeil, sondern auch Anlaß zu Gedanken an Geishas. Unser Mister Wren glaubt nämlich, die Geishas leben in China.
Der Durchschnittsmensch im ungeheueren Einheitsalltag der riesigen Städte sehnt sich so sehr nach dem Unter-

schiedlichen, andern. Fremd soll es sein, und exotisch – und leicht zu erreichen und billig. Mal um die Ecke. Immer der nämliche städtische Alltag, mit einem Duft nach Ferne und Abenteuer...

Auf der Rheinterrasse, wo während des Essens die schweren Gewitter aufziehen, man ißt nämlich ein »Schnellfrühstück«, da verdüstert sich natürlich das Rhein-Panorama im Hintergrund des Saales, und es donnert gefährlich – traf ich den Amerikaner wieder. Welch ein schöner Zufall!
Er saß da und schnellfrühstückte, mit einer Flasche Wein. Ich setzte mich zu ihm und bestellte ein Schnellfrühstück. Als wir eine Weile miteinander geplaudert hatten, kam mein Schnellfrühstück zwar noch lange nicht, aber die Luft war (jetzt weiß ich nicht: kühl, schwül?) – und es dunkelte, und unten floß der Rhein, und es dunkelte stärker, und über der Panoramalandschaft ging das Donnerwetter los, und mein Schnellfrühstück kam bei weitem noch nicht, aber sonst war alles romantisch und schön und rebenumsponnen –.
Gewitter über dem Rhein! Man sitzt, rebenumsponnen, auf der Terrasse und wird nicht mal naß. Ich weiß nicht, was

soll es bedeuten. Und es dunkelt. Und funkelt. Der Rhein – Herrlich.
(Nur das Schnellfrühstück will überhaupt nicht kommen.)
Mein Amerikaner war außer sich vor Entzücken. So, genau so, hatte er sich die deutsche Seele vorgestellt. Old Heidelberg und alles. Es ist alles so »quaint«. Alles so »different«. Alles so besonders. Alles so anders.
(Mit irgendeinem rotierenden Motor hinter der Saalwand, der Stimmung auf industriellem Wege erzeugt.)

»Nur«, sagte der Amerikaner, »nur vom Advertising versteht man nichts hier in Berlin!« –
»Sie müssen wissen«, sagte er, von Bescheidenheit leuchtend, »ich bin selber Reklamefachmann. So habe ich mir die Deutschen vorgestellt: poetisch, romantisch, so anders, so apart, aber immer noch ein bißchen langsam. Träumer, die weltverloren dahingehen – wie Rip von Winkel, wissen Sie. Nehmen Sie dieses große Haus. Auf dem ganzen Broadway, so lang er ist, gibt es etwas ähnlich Romantisches nicht. Gut. Aber was steht draußen plakatiert?«
Er sah mich mit Strenge an. »Plakatiert steht«, sagte er ernstlich, »Schnellfrühstück. Und der Preis des Menüs. Schluß. Wo die Leute doch so etwas zu bieten haben, Rhein und Gewitter und alles! Ein Amerikaner würde natürlich in ungeheuren Flammenbuchstaben schreiben:
»Schnellfrühstück. Quick Lunch. Thunderstorm included. Donnerwetter im Preis mit inbegriffen.

»So«, sagte er träumerisch, habe ich mir das liebe alte Deutschland immer vorgestellt. In der köstlichsten Weise romantisch und unpraktisch. Ich denke selber daran, ob man nicht bei uns auf dem Broadway so etwas aufmachen könnte, Rheinterrasse, Altheidelberg und alles. Nur, natürlich,

mit dem Rheinwein ist das ein bißchen schwierig. Wir würden nur ›Near Beer‹ verkaufen können. Beinahbier, alkoholfrei, aber in altdeutschen Tonkrügen. Sonst alles so echt deutsch wie möglich, so zauberisch, so poetisch, wie hier. Ich denke, das Menü zu einem Dollar, Donnerwetter inbegriffen. Ich sehe schon die Reklamebeleuchtung auf dem Dach des Hauses ...«
Er träumte mit seinen Blicken hinaus in die herrliche deutsche Rheinlandschaft. Das Gewitter hörte auf. Das Schnellfrühstück kam keineswegs.

1929

Gerd Rüdiger

Per se erhaltenswert

Alt-Berlin lebte in den siebziger Jahren noch einmal auf. Es kam wieder einmal in Mode und hatte da einen Namen: Persiko. Als Student habe ich diese Zeit erlebt und erinnere mich noch gut daran, daß wir dieses klebrig-süßlich-saure Getränk mit dem kaum eindeutig zu bestimmenden Geschmack als »Perversiko« bezeichneten und trotzdem tranken. Ein Getränk, das sich fünfzig Jahre vorher, also in den zwanziger Jahren, der Berliner Destillateur Rudolf Grützmacher auf die Fahne geschrieben hatte. Er erhielt im Januar 1922 die Erlaubnis des Berliner Polizeipräsidenten, »im Deutschen Reich den Handel mit Spirituosen« zu betreiben. Von Berlin-Neukölln aus, das bis 1912 Rixdorf hieß, verkaufte er schon bald neben Berliner Kümmel und Rixdorfer Galgen eben auch diese Spezialität »Sauern mit Persiko«. Sie ist wieder aus der Mode gekommen, wird aber immer noch nach alten Rezepten von der Spirituosenfabrik

J. Hasebrink hergestellt und verkauft wie alle anderen »Grützmacher's Alt-Berliner Liköre«.
Der Enkel von Rudolf Grützmacher, Wolfgang Kastner, steht heute noch der Likörfabrik beratend zur Seite und hält die glorreichen Berliner Kneipenzeiten in Ehren hoch. »Sauern mit Persiko, das war«, so verkündet er, »eine Schöpfung des Volkes, geboren in der Tiefe der Alt-Berliner Kneipenkultur«. Dort sollen die Gäste, wenn sie ein Bier bestellten, statt eines Korn oder Kümmel oft einen Persiko dazu verlangt haben, und zwar mit den Worten »noch 'nen Sauern« oder »'nen Sauern dazu«. So entstand der Name.
Das Gesöff ist ursprünglich eine furchtbare Panscherei gewesen, die im letzten Jahrhundert ihren Ursprung hat. Damals wurden in fast allen Berliner Gaststätten Johannisbeer-, Kirsch-, Stachelbeer-, Erdbeer- oder andere Obstweine ausgeschenkt, wie heute noch bei Leydicke in der Mansteinstraße. Die Fässer wurden aus Werder geliefert, wohin die Berliner ja nun auch zumindest zum Baumblütenfest wieder gerne pilgern, um dort an der Havel mit solchen Obstweinen fröhliche Urständ zu feiern. Früher lagerten die Obstweine im Keller oder neben dem Ausschank. Der Wirt zapfte wie das Bier auch den Obstwein direkt vom Faß.
»Der Rest des Obstweins im Faß bekam eine leichte Hefeschicht«, erzählt Wolfgang Kastner aus dieser alten Zeit, »das war so 'ne weiße Schicht, die unappetitlich aussah. Das konnte man eben nicht mehr ausschenken. Also wurde umgeschüttet, um daraus noch was zu machen, was sich noch verkaufen läßt.« Und was taten die Wirte? Sie haben diese Reste mit Alkohol aufgespritet und auf diese Weise haltbar gemacht. Ein bißchen Zucker gehörte auch dazu. Aber dann gab es immer noch die unterschiedlichen Geschmacksrichtungen – denn mal war ein bißchen mehr Erdbeer-, mal ein bißchen mehr Kirschwein im zur Neige gehenden Faß. Um

diese Geschmacksnoten zu nivellieren, wurde dem Gemix ein Mandellikör zugesetzt, der dem Ganzen so eine Art Obstgeschmack geben sollte. Das war Persiko.
Das Getränk erfreute sich größter Beliebtheit. »Es war ein Vielfruchtlikör, kann man sagen«, versucht Wolfgang Kastner eine Umschreibung, gesteht aber ein, »daß er auch von der Qualität nun nicht so etwas überragendes war, wie – sagen wir mal – ein reiner guter Kirschlikör oder ein schwarzer Johannisbeerlikör«. In den Likörfabriken wird Persiko natürlich nach einer festen Rezeptur und mit Bittermandelöl, einem Preßprodukt aus bitteren Mandeln hergestellt. Die Hersteller wußten in den siebziger Jahren gar nicht, wie ihnen geschah, als nämlich Persiko, der immer nur so nebenher lief, einen wahren Boom erfuhr. »Es war 1974, da gab's wohl eine neue Bewirtung in der Weißbierstube im Berlin-Museum«, erinnert sich Wolfgang Kastner, »und die suchte nach einer Spezialität, eine berlinische Spezialität sollte es sein. Sie hat sich umgeguckt und dann gesagt: ›Ich versuch's mal mit dem Sauern mit Persiko – das ist ja 'ne alte Berliner Spezialität, und der Name hört sich gut an, wie es schmeckt ist nicht so furchtbar wichtig, aber es hat einen gewissen Berlincharakter, und das will ich hier mal als Hausspezialität anbieten‹«. Die Weißbierstube im Berlin-Museum hatte in den siebziger Jahren einen Ruf, der weit über Berlin hinaus reichte. Sonntags vormittags war es da gerammelt voll. Natürlich viele Touristen, aber auch Berliner veranstalteten da gerne ihre Sonntagsmatinee. Museum konnte, Weißbierstube mußte sein. Alt-Berlin nachempfunden, erscholl dort wieder der Ruf nach »Sauern mit Persiko«. Und wo's brummt, gucken natürlich auch andere Gastronomen, warum's so brummt. Wie die sahen, daß Persiko da immer gleich rundenweise bestellt und getrunken wurde, haben die nicht lange überlegt.

Die Nachfrage nach Persiko stieg explosionsartig. Jeder wollte ihn plötzlich. Nicht nur in Berlin. Aber wer ihn hier nicht hatte, war out. Die Ursache dafür, weshalb den Leuten plötzlich dieser Fruchtsaftlikör, der sich durch nichts besonderes ausgezeichnet hat, so schmeckte, läßt sich kaum nachvollziehen. Vielleicht war es der Name, vielleicht Nostalgie. Auf jeden Fall war es eine Modeerscheinung, die jederzeit wiederkommen kann.

Nach Alt-Berliner Kneipen steht mir schon der Sinn. Vielleicht wäre Persiko ja hilfreich, jedenfalls mehr als so manche aufgesetzte Kneipeneinrichtung mit Ikea im Zille-Look. Grützmacherenkel Kastner weiß allerdings auch, wie Leute, die das unbedingte Verlangen haben und weder das eine noch das andere finden, Sauern mit Persiko selber mixen können. »Mischen Sie mehrere Fruchtsaftliköre, vielleicht 'nen Kirschlikör, 'nen Pfirsichlikör – Johannisbeere würd' ich nicht nehmen – und geben dazu die gleiche Menge Amaretto. Das würde so ungefähr in die Persiko-Richtung gehen. Verhältnis: fünfzig Prozent Fruchtsaftliköre, fünfzig Prozent Amaretto.«

Nur, bevor Sie solche Experimente wagen oder völlig hilflos durch Berliner Kneipen rennen, die gar nicht mehr wissen, was Persiko ist, geschweige denn, daß es ihn überhaupt noch gibt, versuchen Sie es mal mit Schnapsläden. Einer, der nicht nur Alt-Berlin versucht modernistisch wiederzubeleben, sondern noch wirklich aus dieser Zeit stammt und sie vermittelt, ist der Verkaufs- und Probierladen in der Neuköllner Hertzbergstraße. Er ist übriggeblieben von der alten Likörfabrik des Destillateurs Rudolf Grützmacher.

Und er sieht nicht nur so aus, sondern er erhält auch die Traditionen. Dazu gehört es, daß man sich die alten Spezialitäten aus alten Fässern in Flachmänner abfüllen lassen kann.
Hier kann man Wolfgang Kastner öfter treffen. Hier holt er sich gerne sein Lieblingsgetränk, die schwarze Johannisbeere. »Jaaa«, läßt er sie sich schon bei dem Gedanken daran auf der Zunge zergehen, »die Rixdorfer Johannisbeere«. Bei diesem Fruchtsaftlikör mit kräftig fruchtigem Aroma denkt er an Berliner Kneipen, wie er sie mag, zum Beispiel das Spreeathen in der Mommsenstraße, den Nußbaum im Nikolaiviertel oder die Weißbierstube im Berlin-Museum, die es immer noch gibt.

1996

Renée Zucker

Die Bulette

Zuerst nannte der Berliner einen fettriefenden, plattgeklopften Fleischklops Bulette, danach ein Nilpferd im Zoo und zu guter Letzt rief man weibliche Polizisten mit diesem Namen. Die Reihenfolge mag auf den gesellschaftlichen Abstieg hinweisen, den die Volksspeise im Laufe ihres Daseins erleben mußte. Wenn in einer Ruhrgebietsfrikadelle mehr eingeweichte Brötchenbröckchen als durchgedrehtes Fleisch drin waren, nannte man es resigniert »Frikabrötchen«. Der Berliner hingegen, stolz auf seine Fähigkeit, aus der Not eine Tugend zu machen und in Ermangelung anderer Magie, verlieh den Ehrentitel »Verzauberte Schrippe«. Bösartig könnte man diese Schönrednerei als Hinweis darauf verstehen, daß man sich hier nicht gerade im Gourmet-

Paradies befindet, andererseits ist der Inhalt der Bulette tatsächlich mit einem Mysterium zu vergleichen: Man weiß nie so ganz genau, woraus sie besteht. Zu erkennen ist es in den seltensten Fällen.

Der ideologische Streit wird ausgefochten, solange es den Hackfleischkloß gibt: Rind und Schwein gemischt oder nur Rind, das ist hier die Frage. Die Charlottenburger Kiezmetzgerin gesteht: »Bei uns im Laden isse gemischt, ssu Hause nehm ick nur Rind.« Ssu Hause oder im Jrünen, dort wird die Bulette genossen, ob eigenhändig zubereitet oder im vertrauenswürdigen Laden gekauft. Seit der Berliner sich an die Multikultur gewöhnen mußte, tut mancher mittlerweile sogar heimlich schon mal ein bißchen Schafskäse und Petersilie dazu. Auch wenn es so scheint, als ob die schweinerne Currywurst der Bulette inzwischen den Rang abgelaufen hat: kein Picknick auf der Wiese ohne sie und öligen Kartoffelsalat.

1997

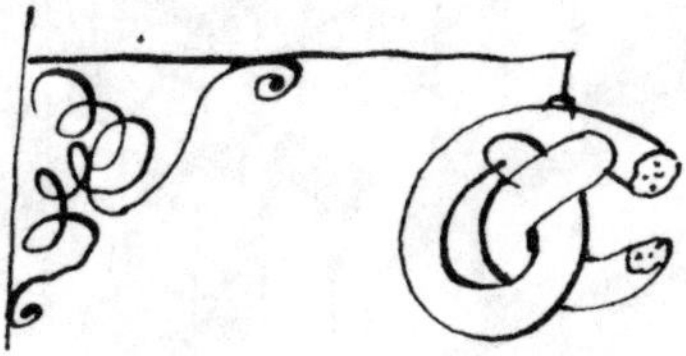

Was in Berlin Stillstand scheint, ist, näher betrachtet, doch ein Marschieren, nur eben zeitweilig auf demselben Fleck.
Alfred Polgar

Geschäfte und Geschäftemachen

Die wirklich großen Geschäfte wurden in Berlin erst nach dem Deutsch-Französischen Krieg 1870/71 gemacht, das heißt, nachdem es auch in Berlin eine Börse gab, die bald den traditionellen deutschen Kaufmärkten den Rang ablaufen sollte. Ein halbes Jahrhundert lang war somit Berlin auch die führende deutsche Bankstadt – eine kurze Zeit, gemessen an einer größeren Tradition in Leipzig, Hamburg, Frankfurt. Mit Geldgeschäften konnte man schon im Mittelalter nicht den großen Reibach machen, zudem waren die ersten Münzen aus der Zeit Jaczos von Köpenick sogenannte Brakteaten – »Dünndruckmünzen«, die aus dünnem Blech gefertigt waren und als Schmuck beliebter waren denn als Zahlungsmittel. Und obwohl es bereits 1280 in Berlin eine Münzstätte gab, gleicht die Geschichte des Berliner Geldwesens der Fahrt auf einer Achterbahn: rauf und runter, bergauf und bergab. Leidtragende waren stets die kleinen Leute in Berlin, ob die Geldeintreiber nun in Diensten von Kurfürst Friedrich II. Eisenzahn, Joachim I., König Friedrich II., Napoleon, Kaiser Wilhelm II. oder der Nazis standen. Eine relativ stabile Zeit der Währung gab es eigentlich nur nach dem Ende der napoleonischen Kriege bis zum Ausbruch des Ersten Weltkrieges. Diese Zeit ist auch die Blütezeit der großen Geschäftemacher und Bankiers, von denen heutzutage nur noch die Namen und die Anekdoten überliefert sind, ob sie nun Strousberg, Carstenn, Mendelssohn, Bleichröder oder Carl Fürstenberg heißen. Letzterer ist der wohl populärste Bankier Berlins um die Jahrhundertwende gewesen: nicht etwa durch seinen Reichtum, sondern vor allem durch seinen Witz. So gehörte es im Caféhaus fast schon zum guten Ton, sich täglich mit der neuesten Fürstenberg-Anekdote auf der Höhe der gesellschaftlichen Konversation zu zeigen. Fürstenberg selbst verlangte bei der Abfassung der eigenen Biographie durch seinen Sohn, daß darin keine einzige Anekdote enthalten sein dürfe, er wolle »schließlich nicht als der Max Pallenberg der Bankiers« in die Geschichte eingehen. (Max Pallenberg war in jener Zeit ein berühmter Charakterkomiker auf der Bühne). Gewiß sind eine Reihe dieser Anekdoten erfunden – aber zumindest gut erfunden. Authentisch ist jedenfalls sein geflügeltes Wort vom »ungedeckten Defizit« angesichts des tief – aber vergeblich – ausgeschnittenen Dekolletés der Frau Finanzminister. Und auch die folgenden beiden Anekdoten sind verbürgt: Als man ihm bei einem Empfang erzählt, daß der Gastgeber von seiner jungen bildhübschen Frau mit zwei Liebhabern betrogen werde, erwidert er: »Ich bin auch lieber mit 30% an einer guten Sache beteiligt als mit 100% an einer schlechten«. – Nach dem Ersten Weltkrieg sind die Schlafwagenabteile knapp geworden. Fürstenberg ist es nach unendlichen Mühen gelungen, ein Abteil zweiter Klasse für sich zu ergattern. Im Vorgefühl einer ruhigen Nacht will der Siebzigjährige sein Abteil betreten, als einer jener neureichen Kriegsgewinnler gestikulierend auf ihn stürzt: »Herr Fürstenberg, habe gehört, Ihr Oberbett ist noch frei, tretens Se's mir ab, Preis spielt keine Rolle!« Fürstenberg sieht den Herrn aus der Gattung Raffke nachdenklich an und meint dann: »Na schön – aber lassen Sie es mich erst nochmal überschlafen.«

Geschäfte im großen Stil wurden in dieser Zeit vor allem mit Bauland gemacht. Die Stadt platzte aus den Nähten. Lebten 1858 rund 457000 Menschen in Berlin, so waren es 1875 bereits 967000, 1880 sogar 1,12 Millionen geworden. Zwischen 1880 und 1895 stieg die Einwohnerzahl noch einmal auf 1,68 Millionen an. Innerhalb von knapp vierzig Jahren hatte sich die Bevölkerung der Stadt nahezu vervierfacht. Diese Leute – meist kamen sie vom Lande und wollten in der aufstrebenden Metropole auch etwas von dem großen Kuchen abkriegen – suchten Wohnungen. Also baute man, meist schnell und billig. Berlin war als Mietskasernenstadt bald verrufen. Vor allem im Osten erstreckten sich riesige Areale lichtloser, enger und ungesunder Wohnungen. Bis Dezember 1882, als eine neue Bauordnung erlassen wurde, konnten die Bauherren fast ungehindert mit dieser Art von Bebauung spekulieren und auf Kosten der auf engstem Raum zusammengepferchten Mieter horrende Gewinne erzielen.

Diese Gewinne waren allerdings bescheiden angesichts der steigenden Bodenpreise in den Berliner Vororten. Je nachdem, wie weit und in welche Richtung sich die Stadt ausdehnte, verkauften die Bauern nach und nach ihr Land. Den größten Reibach machten dabei die sogenannten »Millionenbauern« in Schöneberg, Wilmersdorf und Steglitz. Erzielte man durch den Verkauf von Bauland vor allem in Schöneberg bis 1887 schon traumhafte Gewinne, so katapultierte die Bauordnung von 1887 die Bodenpreise ins Uferlose. Die von 1887-98 eingetretene Wertsteigerung von Grund und Boden allein in den Berliner Vororten betrug nicht weniger als rund eine Milliarde Mark – heute entspräche das etwa dem hundertfachen Geldwert. Über Nacht wurden aus Bauern Millionäre – Stoff für die Literatur. In kaum einem Roman aus jener Zeit fehlt die Figur dieses Millionenbauern, der zwar reich, aber ohne gesellschaftliches Ansehen dasteht und somit immer als komische Figur dargestellt wird. Am bekanntesten ist hier Max Kretzers Roman »Der Millionenbauer« geworden.

Das 19. Jahrhundert war auch die Zeit der großen Kaufhausgründungen. Hatten bereits N. Israel (1815), die Gebrüder Gerson (1836) und Rudolph Hertzog (1839) in der alten Mitte Berlins ihre Warenhäuser gegründet, in denen es eine Vielzahl von Waren gab, die früher auf einzelne Läden verstreut gewesen waren, so blieb es Wilhelm Wertheim vorbehalten, als der »Vater der Warenhäuser« in die Geschichte Berlins einzugehen. 1885 gründete er mit seinem Sohn Georg in der Rosenthaler Straße 27 ein erstes Textilwarengeschäft, das dem Prinzip frei ausliegender und mit festem Preis gekennzeichneter Waren folgte. Größere Wertheim-Warenhäuser in der Oranienstraße, auf dem Moritzplatz und in der Leipziger Straße folgten. Auch die Brüder Tietz und der KaDeWe-Gründer Adolph Jandorf gehörten zu den Pionieren der exklusiven Großkaufhäuser im Kaiserreich. Eine besondere Bewandtnis hatte es in Berlin mit den Markthallen. Nach standardisiertem Muster wurden diese von den Berlinern »Gemüsekirchen« genannten Hallen nach Vorbildern in Barcelona, Paris und London gebaut. Im Gegensatz zu den damals weit verbreiteten Wochenmärkten boten hier einzelne Händler tagsüber ihre frischen Waren unter den überdachten Gebäuden an. Insgesamt gab es bis zur Jahrhundertwende vierzehn dieser über das gesamte Stadtgebiet verteilten Markthallen, von denen vier mehr oder weniger unbeschadet den Zweiten Weltkrieg überlebt haben. In ihnen kann man noch etwas von dem Flair des Verkaufens in alten Zeiten erahnen. Und hin und wieder trifft man wohl auch noch auf eine Verkäuferin, die man sich gut als Nachfahrin jener legendären Berliner Marktweiber vorstellen kann, die über Jahrhunderte hinweg für ihren schlagfertigen und derben Witz gefürchtet waren.

Hans Natonek

Dienst am Kunden

Diese Stadt ist herrlich, wenn man mit ihr nichts zu tun hat; sie ist furchtbar, wenn man ihre Macht zu spüren bekommt. Hier wird über die Abhängigkeit aller von allen, wenn man sie überhaupt noch empfindet, kalt die Achsel gezuckt: »Wem sagen Sie das ...« Hier frißt man und wird gefressen, hier treibt man und wird getrieben. Berlin ist die Stadt des ungeheuren Konsums, dem alle dienen, um selbst Konsumenten großen Stils sein zu können. Alles ist Dienst am Kunden. Vor lauter Kundendienst kommt man kaum zum Konsum dessen, was jener ununterbrochen offeriert, geschweige denn zu wesenhaften, entscheidenden Dingen. Auf die höchste Siegessäule Berlins, mitten im Herzen der Stadt, möchte ich das Idol des Kunden montieren, auf beweglicher Achse, wetterfahnengleich, vielgestaltig, diktatorisch das perpetuum mobile des Verbrauchs: die Nike Berlins.

Gewiß, das ist der abstrakte Eindruck eines Außenseiters und also nur bedingt gültig. Um sich in Berlin wohlzufühlen, darf man keinen großen Anspruch auf persönliche Freiheit mitbringen. Man muß sich einreihen, anschließen, im fluktuierenden Gedränge die Strömung finden, von der man sich treiben und tragen läßt.

Man kann die Menschen zählen, die in Berlin unabhängig leben. Ich zähle, etwa: Liebermann, Friedländer-Fuld, Kurt Hiller, dieses lebendige Gegenbeispiel allen Opportunismus, Vorbild geistigen Muts, unbeirrbar zwischen Aristokratismus und Sozialismus, also zwischen polaren Punkten, die Weltachse suchend ...

Wie, habe ich diese drei Namen zufällig hingeschrieben oder unterstand ihre Nennung einem Zwang? Zufall oder nicht,

sie sollen mir Repräsentanten sein: Die große Kunst, das Virtuosentum macht unabhängig; an einer der Quellen der Macht zu sitzen, ganz gleich, ob sie Kohle, Öl, Chemie oder Presse heißt, macht – zumindest äußerlich – unabhängig; und ein Denker sein, macht unabhängig. Aber der Denker ist, ohne einen Palast auf dem Pariser Platz oder im Grunewald, der Unabhängigste von allen.
Zwischen diesen Kategorien brandet die Masse, dienstbar der Kohle, dem Öl, der Chemie, der Presse, dem Kundendienst; ein winzigster Bruchteil gelangt zur Macht, der große Rest wird über seine Hoffnungslosigkeit hinweggetäuscht, durch die Presse, durch das Virtuosentum. Soziale Photomontage. Diese Gliederung wurde mir nie *so* klar, wie wenn ich vom Zeitungsviertel im Südwesten nach dem Kurfürstendamm, vom Pariser Platz nach dem Wedding fuhr.
Macht man sich solche Gedanken, wenn man in Frankfurt, Leipzig, München einfährt? Das ist die Kraft Berlins; den von außen Kommenden überfällt der Sinn, das Sinnbildliche; die Kräfte stehen planmäßig wie auf einem Schachbrett, das Spiel funktioniert, die Funktionen spielen, die Partie ist übersichtlich. Die Begriffe werden überhell, hier ist der Inbegriff des Reichs, das europäische Wesen und Unwesen manifestiert sich dem Abkömmling, vorausgesetzt, daß er zu dem Getriebe Distanz bewahrt.
Aber das ist, falls man in Berlin lebt, fast unmöglich. Diese Stadt duldet keine Distanz, sie verlangt unbedingte Hingabe. Berlin, selber skeptisch, liebt es nicht, mit skeptischen Vorbehalten betrachtet zu werden. Man darf allenfalls über seine Erscheinungsformen spotten, nicht aber an sein Lebensgesetz rühren. Es ist der Demokratismus dieser Stadt, der eine überlegen-abseitige Haltung nicht verknusen kann. Mitzuleben und Mitzuverdienen bist du da.

Es ist ein großer Unterschied, ob man an einem knallhellen Sommertag von Mecklenburg her oder an einem späten Winternachmittag aus Leipzig sich der Stadt nähert.
Ich liebe diese Blitzbesuche, diese kurzen Vorstöße nach Berlin. Nie wird einem die besondere Atmosphäre körperhafter als in jähen Gegensätzen rasch improvisierter Visiten. Zwar klopft mir das Herz stärker am Gare du Nord als am Stettiner oder Anhalter Bahnhof, wiewohl mir Berlin ein fast ebenso rares Erlebnis ist wie Paris.
An einem knallhellen Sommertag von Mecklenburg ... Auf den Weiden stehen Füllen, die von Renée Sintenis hingestellt wurden. Die Pferde grasen ungestört weiter, wissend, daß der Schnellzug sein Stahlband nicht verläßt, während die Kühe, weniger intelligent, in grotesken Sprüngen ausreißen, daß die Euter wie Sturmglocken schwingen. Die Kiefernwälder sind von Leistikow und die Lauben- und Wohnkolonien in Reinickendorf von Zille. Sintenis, Leistikow, Zille – wie weit reicht Berlin; es kommt einem gierig entgegengeflogen mit Plakaten der »Morgenpost« und des »Lokalanzeigers«, und in Oranienburg stehen schon die gelben und roten Wagen der S-Bahn. Reinickendorf – auf einem Brach- und Schuttfeld haben sich Wohnungslose die Hütten der Not gebaut, aus Wellblech und alten Wohnwagen, kleine Gardinen und Blumenbrettchen vor den Fensterchen. In zehn Minuten werde ich mitten im geistigsten Berlin sein; aber ich behaupte: nicht hier, sondern dort ist Berlin. Was wissen wir von Reinickendorf!
Das Ullsteinhaus: imposant, verwirrend, beängstigend. Man durchläuft die endlosen Korridore kreuz und quer, und die Gefühle selbst, von Gegengefühlen bedrängt, werden labyrinthisch. Solche Größe hat ihr Gesetz, das, einer Idee oder persönlichen Leistung entwachsen, von dieser Größe selbst bestimmt wird. Nur ein Kompromiß zwischen Erfolg und

geistiger Absicht kann solche Dimensionen schaffen und halten. Hier kann der Wert nur gelten, wenn er auch Erfolg hat. Hier kann das Wagnis nur gewagt werden, wenn hundert Köpfe seine Chancen errechnen. Es ist der Körper, und welch einer, der sich den Geist baut.

Gespräche mit Dr. Franz Ullstein über den Erfolg. Dieser feine Kopf äußert beinah Bitteres: »Wenn etwas einen großen Erfolg hat, ist es ja fast schon Kitsch.« Haben ihm seine Direktoren die goldenen Schüsseln des Erfolgs bis zum Überdruß gereicht? Franz Ullstein denkt an seinen Remarque, an die »Grüne Post«. Sang nicht einst der Berliner: »wer kann dafür, wer kann dafür?« In diesem gigantischen Hause muß alles gigantisch wachsen; das ist ein Gesetz. Für mich ist das Ullsteinhaus ein Symbol Berlins, und kein schlechtes. Dienst am Kunden. Als Demokrat kann man die Kundschaft, das Konsumententum, das die Mehrheit bildet, nicht gering achten. Der Werte höchster ist das freilich nicht, aber eine Gegebenheit, eine Notwendigkeit. Und als Abwehr der Reaktion ist dieser Machtblock unentbehrlich.

Der Roman des Ullsteinhauses und seiner geführten Führer wäre zu schreiben; von einem Unabhängigen, der hier ein- und ausgeht.

An einem knallhellen Sommertag ... Wie seltsam ist, entschminkt, der feine Westen; häßlich-schön und gespenstisch. Dies ist eine Nachtstadt. An der Michels-Ecke zuckt fahl und krank eine Lichtreklame in das pralle Sonnenlicht, als könnte sie den Abend nicht erwarten. Sie kommt nicht auf gegen die natürliche Helligkeit, sie sehnt sich nach Dunkelheit, nach dem kühlen Aufatmen der Nacht wie alles ringsum, Menschen, Mädchen, Häuser.

An einem späten Winternachmittag von Leipzig nach Berlin; zu einer Film-, zu einer Theaterpremiere. In den guten

Stuben von Großlichterfelde knipsen sie schon die ersten Lampen an. Es schmeckt nach Bürgerlichkeit und Behagen. Die kleinen Villen stehen wie eine Kulisse da. Man fährt ins Theater. Ein Store wird vorgezogen, man kleidet sich wohl um, bald wird ein Vorhang aufgehen. Berlin von dieser Seite, vom winterlichen Premierenbetrieb, von einer Theaterfahrt aus gesehen, ist ganz heimelig. Als Theaterbesucher ist man eingefügt in das Spiel. Man ist mit dabei. In Berlin muß man mit dabei sein. Am Anhalter Bahnhof ist man schon im Excelsior-Hotel. Im Excelsior-Hotel telephoniert man. Man telephoniert immer in Berlin; man ist mit Berlin verbunden. Die Kulisse wächst ins Grandiose. Der Abend flammt auf, ganz Berlin spielt Theater. Die Lichtflut ist wie Schminke, hinter der das Unerwünschte verschwindet. Es gibt nur noch glänzende Hauptstraßen. Man lebt in dem Wahn, als bestünde Berlin aus lauter Schauspielern und Theaterbesuchern und als gäbe es nichts Wichtigeres als die Premiere von heute abend. Es ist eine Erleichterung, an solchem Wahne teilzuhaben.

Das Auge schwelgt im Glanz der Prominenzen. Auch nur dabeizusein ist prominent. Es wird Großartiges geleistet. Ist das nicht Vollmöller? Wer ist Vollmöller? Berechtigte Gegenfrage. Vollmöller (als Typus) ist diejenige mirakulöse, unbestimmte Person, die dabei ist und bemerkt wird, wo es künstlerisch hoch hergeht. Solche Ansammlung von Köpfen hat die Welt noch nicht gesehen. Als hätte ein James Klein der Literatur das Ganze inszeniert.

Die Provinz stirbt bekanntlich. Kein Hund möchte dort länger leben. Der »Miko« (Minderwertigkeitskomplex) geht um. Wer kann, sucht in Berlin einen Unterschlupf. Die Provinz verödet, proklamieren jene, die der »Miko« nach Berlin treibt. In Berlin wird geleistet, sagt der Koofmich, der den Dienst am Kunden organisiert. Die geistigen sagen es auch, nur mit anderen Worten. Die Ansammlung von Begabungen ist horrend. Was sich allein zwischen dem Nürnberger- und dem Steinplatz und überhaupt rund um die Gedächtniskirche tut, das ist mehr, als Klaus Mann sich träumen läßt. Es ist ein Alptraum. Sie machen herrliches Theater, herrliche Filme, herrliche Verse, sie funken und bretteln, sie sprühen und konferieren – und es ändert sich nichts, es ändert sich nichts.

Wollen sie denn überhaupt, daß sich etwas ändert? Würden dann ihre diversen Unternehmungen noch ebenso florieren?

Nirgends fand ich eine solche Ansammlung von Kraft, so prachtvolle Motoren, so elegant karossiert, aber so richtungslos und ohne Ziel.

Alle Talente strömen aus der Provinz nach Berlin. Welch ein beängstigendes Gedränge und wie wenig Bewegung. Welch ein Tumult und wie gering die Wirkung! Berlin ist das Dorado aller literarischen und literaturhändlerischen Konquistadoren und somit ein Sammelpunkt des geistigen Proletariats. Die Begabungen müssen sich selbst in einem Maße ausbeuten, daß für die Charakterbildung keine Zeit bleibt. Weder das Talent noch der Charakter bildet sich im Lärm. Lauter Könner; lauter Menschen von fanatischem Geltungsdrang. Aber die wesentlichen Dinge geschehn aus anderem Wollen. Wir haben in Berlin das gleiche Literatentum wie vor 1914, leicht politisch gefärbt, sozusagen rot überhaucht, und mit der Erkennungsmarke: Neue Sachlichkeit.

Noch ist Provinz kein geistiger, sondern nur ein gleichgültig geographischer Begriff. Leonard Nelson, der Unvergeßliche, von dem ein einziger Satz das schöne Gefunkel radikal-politischen Esprits aufwiegt, arbeitete in der Provinz, wo sie am dunkelsten ist. Stefan George und Gundolf gehen unbekümmert um die derniers cris von Berlin ihren Weg. Für einen Joseph Roth, den schärfsten Beobachter und geistigen Verarbeiter der Tatsachen und Zustände, hatte Berlin keine Verwendung. München nahm ihn auf. Ein tapferer Mann auf exponiertem Posten, sozusagen im Feindesland, das zu gewinnen er das Zeug hat. Das talenteschlingende Berlin ist mitunter von einer aufreizenden Gleichgültigkeit und Blindheit. Wo hatten Ullstein und Mosse ihre Augen?

Es ist gut, daß sie zuweilen schlafen und trotz der größeren Macht den geringeren Mut haben, sich mit unbequemen Geistern einzulassen. So bleibt der Provinz die »Ausdörrung« erspart, die verhängnisvoll und durch keine geistige Zentralisierung in Berlin wettzumachen wäre. Die Provinz hat etwas Unersetzbares vor Berlin voraus: die größere Stille, die Sammlung, die Sichtung, mehr Zeit. Die Werte, die in Berlin produziert werden, wirken sich nicht aus. Sie sind stets bedroht durch die Massenhaftigkeit und durch den Kult des Tempos. Das Echo hat nicht Zeit, die Rufe klar zurückzutönen, so rasch folgen sie hintereinander. Kaum die Arrivierten können sich in Berlin den Luxus der Stille leisten, geschweige denn die Werdenden.

Die Provinz ist nur dann verloren, wenn sie berlinisch wird und nachmacht, was man dort angibt, anstatt es kritisch zu überprüfen.

1929

John Stave

Grüne Äpfel

Mitte der fünfziger Jahre. Gemüseladen im Weidenweg. Ein ganzes Schaufenster voller grüner Äpfel. Ich betrete den Laden. Die Gemüsefrau erscheint von hinten.

»Guten Tag!«

»Tach!«

»Sind die Äpfel im Schaufenster sauer?«

»Nee, Meesta, die sind zuckersüß!«

»Schade.«

»Wieso: schade?«

»Ich esse so gern saure Äpfel.«

»Achso. Naja. Oogenblick mal. Also – wenn ick janz ehrlich sein soll: Zuckersüß is vielleicht 'n bißchen übertrieben. Sagen wir mal: süßlich – säuerlich? Oder einfach nur säuerlich? Jut. Gradeheraus! Die Äppel sind so sauer, wenn Se da rinbeißen, da ziehen sich Ihnen die Bollen inne Strümpe zusammen!«

1991

Günter Matthes

Rendite eines Fünfzigers

In der Sparkasse ist Betrieb. Die Leute stehen Schlange nach Geld, ihrem Geld. Unter ihnen ein Steppke, zehn mag er sein.
»Halten Sie mal meinen Platz frei, bitte?« sagt er zu dem Mann hinter ihm.
»Gern, mein Junge.«
Der Junge geht zu einem der Pulte, füllt ein Formular aus und reiht sich wieder ein. Jetzt ist er dran.
Er reicht sein Sparbuch nebst Formular durchs Fenster. Der Angestellte prüft alles mit dem für Geldgeschäfte erforderlichen Ernst. Dann schiebt er, ohne mit der Wimper zu zucken, mit einem »bitte« Buch und abgehobenen Betrag in den Zahlteller.
Es ist ein Fünfziger. Nein, kein Schein. Ein 50-Pfennig-Stück. Dem Mann dahinter verschlägt es fast die Sprache. Er lächelt und fragt: »Wofür brauchst du denn das Geld?«
»Für'n Wassereis.«
»Wieviel hast du denn noch drauf?«
»Zehn Mark.«
Die Schlange hat das Zwiegespräch zum Teil mitbekommen. Die finanzielle Transaktion ist Anlaß zum Murmeln, dann Rufen wie in einem Börsensaal. Nur sind die Gesichter viel freundlicher.
Der Mann gibt dem Jungen zu seinem Fünziger eine Mark. »Muß ja nicht unbedingt Wassereis sein«, sagt er und denkt an seinen Neffen, der immer mit Geld abgefunden wird, wenn die Großen ihn los sein wollen, und so lernt, großspurig zu werden.
»Dankeschön, mir schmeckt Wassereis. Darf ich die Mark trotzdem behalten?«
»Klar, Junge.«

Nee so was. Die Schlange wackelt vor Rührung. »Hier, Junge!« Zu der Mark kommen noch ein paar hinzu. Der Fünfziger rentiert sich.
Der Empfänger hat blanke Augen. »Danke, danke!« und weg ist er.
Nachdem der Mann sein Geld abgehoben hat, sieht er draußen den Jungen mit den Resten einer Eisportion. Wassereis natürlich. Nun geht der Junge, noch einmal über die Lippen leckend, wieder in die Sparkasse. Der Mann ist gespannt und folgt ihm.
Am Tresen ist jetzt etwas mehr Luft. Der Junge ist schon dran. Er zahlt auf sein Sparbuch das Geld ein, das er zuvor von den Leuten geschenkt bekommen hat.
Das gibt's doch nicht. Doch. Das gibt's. Im heißen Berliner Sommer anno 1982. Ja, ja, die heutige Jugend.

1982

Klaus Nothnagel
Winterschlußverkauf

Berlin Wedding, an einem eisig-windigen Januarmorgen um 8 Uhr 40. Ungefähr fünfzehn Frauen, die meisten wohl zwischen vierzig und Ende sechzig, stehen im Halbdunkeln vor dem Karstadt-Kaufhaus am Leopoldplatz. Sturmgezauste Dauerwellen, einige sind mit steifen Nahkampf-Kappen gekommen, viele tragen Kopftücher, um der unmittelbaren Gegnerin keine freie Angriffsfläche zu bieten. Mehrere alte Frauen tragen die Art von Turnschuhen, deren Material am oberen Rand rundherum einen häßlichen Wulst bildet, und aus deren Schnürleiste oben eine fette, ekelhafte Zunge herausquillt. Einige Ost-Rentnerinnen, zu erkennen an den vio-

letten oder pinkfarbigen anorakartigen Windjacken, sind aus dem nahen Bezirk Mitte angereist. Immer wenn man kurz woanders hinsieht, hat die Menge sich verdoppelt.
Um viertel vor neun werden giftig und unfroh die letzten Zigaretten geraucht, eine Frau mit roter aufblasbarer Jacke

und schwarzer Papp-Kappe ißt geistesabwesend eine Doppeldeckerstulle; zwei Jüngere lassen sich von einem Mann fotografieren und lächeln falsch dazu. Angespannte Gesichter. Man pumpt sich auf.
Zehn vor neun. Ein glückliches junges Paar, eng umarmt und tiefernsten Blicks, stellt sich zur Menge – wie schön! Diese jungen Menschen wollen sich inmitten stark verbilligter Waren eine gemeinsame Zukunft aufbauen! Ein Betrunkener kommt und spricht und kann sich nicht verständlich machen.
Fünf vor neun. Die Alten blicken grätzig und kampfgestählt, die Jungen ängstlich. Eine Greisin, die einen Hut aus rot-

lackiertem Eisen trägt, wandert löwenartig auf und ab. Zwei Minuten vor neun: Wie auf ein geheimes Zeichen drehen sich alle zu den Glastüren hin ... jede Kommunikation versiegt augenblicklich. Jetzt werden auch die Lichterketten über den Köpfen der Käuferinnen eingeschaltet. Gespenstisch leuchten bläuliche Seniorinnendauerwellen. Da kommt noch eine resolute Person im frühen Rentenalter mit einem zweirädrigen Einkaufswägelchen; mühelos verschafft sie sich Respekt und einen Standplatz ganz vorn bei den Glastüren: Alle wissen, daß diese Frau jegliche Gegnerin mit dem – dann womöglich noch von unnützen Waren beschwerten – Wägelchen sofort niederkartätschen wird.
Neun Uhr.
Eine junge Frau öffnet die Türen, bringt sich hastig in Sicherheit. Der Strom aus dringend Kaufwilligen biegt sofort rechts ab – richtig, links ist ja die Bücherabteilung! – geht wimmelnd zur Rolltreppe, teilt sich dort. Im Erdgeschoß kaufen die Frauen unter strikter Beibehaltung von Übellaunigkeit und Kassenschlangen so fremdartige Waren wie »Biber-Bettwäsche«, »Achsel-Hemden«, »Sleep Shirts« und häßliche fleischfarbene BHs. Eine reißt ein großes hölzernes Preisschild, das von der Decke baumelt, mit dem Kopf herunter und merkt es nicht. Türkinnen schleppen schreiendbunt bedruckte Stoffe gleich ballenweise zur Kasse; man stellt sich schon schaudernd die Kleider vor, die daraus genäht werden. »Die Sonne scheint, die Preise schmelzen« steht überall geschrieben. Ein Mann erzählt aus Lautsprechern von den wundervollen Angeboten; seine Stimme ist die des Kinderschänders, der behauptet, bei sich zu Hause habe er Zuckerzeug. In der Kassenschlange, mit zwei T-Shirts zu je drei Mark das Stück, erlebe ich die angespannte, unfrohe Pöbelstimmung hautnah. Zwei häßliche Frauen beschimpfen grob die Kassiererin, weil es ein paar Minuten

lang nicht vorangeht. Eine Alte in rostbraunem Anorak wird kraß zurechtgewiesen und genüßlich gedemütigt, weil sie in der Schlange mogeln wollte. Hier wird ordnungsgemäß in Reih und Glied gelitten.
Von Zeit zu Zeit kommen graue Männer mit ausrasierten Nackenpartien und fotografieren das Elend mit Blitzlichtkameras. Sie werden später sicher Dias vorführen, nach Feierabend, und damit die nervolabilen Kassiererinnen noch einmal schrecklich quälen. Um 9 Uhr 20 verlasse ich unverletzt und schlechtgelaunt das Kaufhaus. Die T-Shirts werde ich wegwerfen; denn immer, wenn ich sie ansehen würde, müßte ich an die gefährlichen Greisinnen mit den eisernen Hüten denken.

1996

Dietmar Wischmeyer

Obi et orbi, spiritus sanctus und 'ne Dose Pinselreiniger

Draußen vor den Toren der Stadt liegen sie wie grellbunte Raumschiffe in der Mittagssonne und brüllen uns mit widerwärtigen Neonreklamen an: Baumärkte: Tempel einer okkulten Sekte, die die Spanplatte verehrt und den Dübel anbetet. Zum lauten Wummern der Kabeltrommel strömen sie in ihre gottlosen Kultstätten, fingern vernickelte 6-mm-Linsenkopfbolzen aus den Bundesladen und spannen vor erwartungsfroher Gier den eigenen Piephahn in das willige Bohrfutter eines niedlichen Akkuschraubers.
Draußen an den Tingplätzen der Bekloppten und Bescheuerten stehen die Menhire der Heimwerkerära: Aluleitern zum Aufklappen, Ausziehen, Befingern und Begrapschen.

Unterwasserpumpen blubbern brackige Brühe in imaginäre Folienteiche, Schubkarrenmulden türmen sich wie Panzer gemordeter Riesenschildkröten vor dem Eingang des Labyrinths. Irgend jemand muß ein koreanisches Containerschiff mit Dreifachsteckdosen überfallen und den ganzen Weichplastikramsch in die Vorhölle des Bastler-Orkus gekippt haben.

Zwischen den Regalen aufgebaut stehen Videomonitore mit den schlechstesten Filmen der Welt: Endlosserien, in denen unsympathische Mittdreißiger rote Plastikkästen über ihren Köpfen schwenken, aus denen angeblich keine Farbe entweicht, oder autobiographische Streifen von Franz Beckenbauer, in denen er mit einem neuen Schlagbohrmaschinenzusatzgerät seine Bayernkrause stutzt. Schmerwanstige Männer schleppen Styropurplatten mit Eichendekorfolie zum Ausgang, um die Freizeit damit zu versauen, den Wert ihrer Wohnung dramatisch zu senken. Frauen kaufen dunkelgrüne Wabbelmasse, die aussieht wie angefaulter Büffelpansen, und dutzendweise Schnittblumenleichen, um damit ihre Wohnstuben in eine teutonische Ikebanahölle zu verwandeln.

Dazwischen strolchen erwachsene Männer in absurden hellorangefarbenen Kitteln, die trotz gleißenden Neonlichts der riesigen Betonhalle die muffelige Schwiemeligkeit eines Tuntenballs bei der Staatssicherheit Ende der 50er Jahre verleihen.

Immer wieder erstaunlich, auf welch häßliche Weise man Wasser aus der Wand laufen lassen oder die ehrliche Präsenz einer Glühbirne zerstören kann. Messingbeschlagene Tapirschniepel konkurrieren mit gebürstetem Chromvanadiumstahl in Form und Größe eines wahrhaftigen Shetlandponypimmels um den Platz über der Porzellanmuschel. Doch wer sich in der Sanitärabteilung noch nicht erbrechen mußte, dem bleibt das Lampenrevier: Gelb-bräunliche Oma-Unterhosen stülpen sich über ach so vernünftige Energiesparleuchten, und tranige Glimmerfunzeln flackern auf schmiedeeisenbewehrten Eichenplanken. Seinem ärgsten Feind würde man nicht wünschen, sein Leben in derartig widerwärtigem Ambiente zu verschleudern. Dennoch: Jeden Sonnabend zieht es Millionen irregeleiteter Gestalten in die Sakralbauten des kollektiven Bastelwahns. Der einzige Trost für die am Rande Stehenden: Auch die gutmütigste Rasenkantenschere läßt ihren Besitzer auf Dauer nicht ungeschoren. Und dort, wo appe Finger bluten, leuchtet – wo sonst nur Schwachsinn herrscht – ein versöhnlich Lichtelein in der Welt.

1997

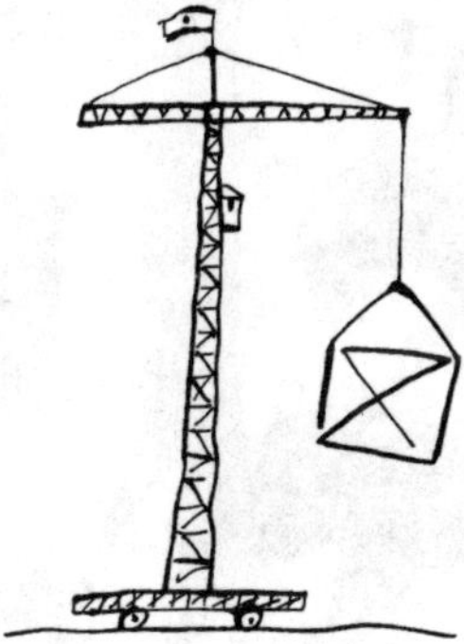

Epilog

Horst Evers

Aus der Reihe: 70 Romananfänge, Folge 43: der realistische Science-Fiction-Roman mit kriminologischem Einschlag

Muller

Berlin, 17. September 2008
»... wir hoffen, sie hatten einen angenehmen Flug. Ihr Kapitän Robert Schmidt, seine Crew und die deutsche Lufthansa-AG wünschen Ihnen einen erfrischenden Aufenthalt in Berlin und distanzieren sich im übrigen aufs heftigste von der Bundesregierung.«
Mühsam erhob sich Muller aus seinem Sessel. Fast zwanzig Jahre war es her, daß er Berlin nach der Maueröffnung verlassen und in New York seine Detektei eröffnet hatte. Über dem Flughafen prangten riesige Transparente mit Aufschriften wie: He, he, he, Regierung in die Spree, zum Teufel mit dem Bundestag oder natürlich das berühmt schlichte »Tötet die Regierung.«
Direkt vor dem Flugzeug warteten eine Reihe Taxen. Es wunderte ihn kaum, daß sein Fahrer nach einem freundlichen Gegen die Regierung, bei welchem er kämpferisch die Faust in der Armbeuge zurückwarf, sofort begann, wild gegen Bundestag, Minister und Kanzler zu schimpfen. Man werde sie schon erwischen und dann: »Fresse polieren, Arsch aufreißen, Ziegensack hochbinden.« Aus dem Radio dröhn-

te der neueste Ohrwurm der Feuerteufel: »Kanister auf, Superspit dann rauf, in 5 Sekunden leuchtets auf, gar nichts schöneres, das man hier kennt, als ein Kanzler, wenn er brennt!!!«

Muller versuchte das alles zu ignorieren. Natürlich hatte man auch in New York die Vorgänge in Deutschland interessiert verfolgt.

Angefangen hatte alles im Herbst 1999 mit dieser mysteriösen Serie der Kanzlermorde. Einer neugegründeten Terrorgruppe, die sich einfach TÖTET DIE REGIERUNG, kurz TDR, nannte, war es gelungen, innerhalb von nur acht Wochen sechs Bundeskanzler zu ermorden. Immer nur wenige Stunden nach der Ernennung ließen sie es krachen und kündigten des weiteren auch eine unbefristete Fortsetzung dieser liebgewonnenen Gewohnheit an.

Da es hierdurch natürlich zunehmend schwieriger wurde, jemanden zu finden, der bereit war, das Kanzleramt zu übernehmen, einigten sich die Mitglieder des Bundestages schließlich darauf, zwar noch einen Kanzler zu wählen, seinen Namen jedoch geheimzuhalten. Somit war also jedes Mitglied des Bundestages auch ein potentieller Bundeskanzler.

Die TDR jedoch zeigte sich nicht die Spur irritiert und begann fortan, systematisch die Abgeordneten zu ermorden. Als den noch lebenden Bundestagsmitgliedern nun ihre fatale Lage bewußt wurde, kamen sie mit sich überein, geschlossen ihre Mandate niederzulegen und die Parteien anzuweisen, ihre Vertreter für den Bundestag, unter strengster Geheimhaltung der Namen, direkt zu benennen.

Die TDR hingegen antwortete mit einer gewaltigen Menge von Attentaten auf Parteimitglieder jedweder Couleur, welche zwar zum Teil, aufgrund der erstaunlichen Menge, etwas lieblos gemacht, deshalb aber nicht weniger effektiv

waren. Eine Austrittsflut, die schließlich in der Auflösung sämtlicher Parteien endete, war die Folge.
Die Regierung wanderte nun endgültig in den Untergrund und tätigte dort ihre Geschäfte.
Aufgrund der angenehmen Nebenerscheinungen, die dieses Untertauchen des Parlaments mit sich brachte, kamen die Menschen in Deutschland recht problemlos mit der Situation zurecht. Eine dieser Nebenerscheinungen war die Auflösung der überflüssig gewordenen Bundeswehr. Zwar konnte man Deutschland jetzt ganz einfach erobern, aber wer ein Land erobert, der muß es auch regieren, und darauf war tatsächlich niemand scharf.
Die Bevölkerung begnügte sich damit, es sich gutgehen zu lassen, die gängigen Gesetze zu befolgen und sich in jedem Falle und entschieden von der Regierung zu distanzieren. In der Tat bewirkten die angeborene Mentalität und eine langjährige demokratische Erziehung sogar, daß man alle vier Jahre zur Wahl ging.
Eine Wahl, die freilich durch die Auflösung der Parteien einen ganz eigenen Charakter bekommen hatte. Der Wahlzettel bestand nur noch aus fünf durchnumerierten Kringeln, von denen der Bürger einfach einen anzukreuzen hatte. Natürlich wußte er somit nicht, welchen Kandidaten, welche Partei oder welches Programm er wählte; logischerweise entfiel auch der Wahlkampf, aber irgendwie war der Wahlsonntag doch immer noch etwas Besonderes.
Sogar die TDR war mittlerweile so gut wie aufgelöst. Nur eine kleine, perfekt ausgebildete Spezialeinheit hielt sich noch für Feuerwehreinsätze bereit, um immer dann in Aktion zu treten, wenn wieder einer dieser betrunkenen Stammtischkomiker in seinem Suff prahlte, er wäre eigentlich der Bundeskanzler.
Doch, es hatte sich viel getan in den letzten zwanzig Jahren.

Das Taxi hielt vor dem Regierungstod-Hotel, zu dem Muller seine geheimnisvollen Auftraggeber bestellt hatten. Mit einem freundlichen »TÖTET DIE REGIERUNG« holte er den Schlüssel vom Portier, um dann sofort aufs Zimmer zu gehen.

In der Mitte des verschwenderisch eingerichteten Raumes stand ein Tonbandgerät. Muller drückte die Play-Taste.

»Guten Tag Herr Muller. Entschuldigen Sie bitte die Qualität der Aufnahme, aber es ist für mich lebensnotwendig, unerkannt zu bleiben. Ich spreche hier nämlich als der geheime offizielle Repräsentant des Kringels 3 zu Ihnen. In den letzten acht Jahren stellten wir die geheime offizielle Untergrundregierung. Die letzte Wahl jedoch ergab ein Patt zwischen dem Kringel 4 und unserem Kringel. Um mehrheitsfähig zu sein, müßten wir eine Koalition mit dem Kringel 5 eingehen. Dummerweise weiß aber niemand, wer sich hinter diesem Kringel verbirgt, und was seine Ziele sind. Dies herauszufinden ist Ihr Auftrag. Wir setzen uns in 48 Stunden wieder mit Ihnen in Verbindung. Bis dahin, TÖTET DIE REGIERUNG!!!«

Ein kurzes Knacken, und unter einer beachtlichen Stichflamme zerstörte sich das Tonbandgerät selbständig.

Völlig sinnlos und apathisch starrte Muller auf den übriggebliebenen schwarzen Fleck. Er fühlte sich wie ein Toaster, in den man eine Bockwurst gesteckt hatte. Hier konnte er bestimmt nicht einfach sein Routineprogramm runterspulen, er brauchte verdammt dringend eine verdammt gute Idee.

– ENDE DES ERSTEN KAPITELS –

1997

Quellennachweis

Wir danken allen Rechtsinhabern und Verlagen, die uns freundlicherweise den Nachdruck folgender Beiträge gestatteten:

Georg Hermann, Pro Berlin, © Verlag Das Neue Berlin;

Kurt Tucholsky, Berlin! Berlin! aus: »Ausgewählte Werke«, Bd. 1, *Das Sprachwunder* Bd. 4, Rowohlt Verlag, Reinbek bei Hamburg 1960;

Ödön von Horvath, So wird Berlin verleumdet, aus: Beilage Berliner Tageblatt Nr. 172 vom 12.4.1931, © Suhrkamp Verlag Frankfurt a. M.;

Walter Kiaulehn, Wonach riecht Berlin? aus: Berlin: Schicksal einer Weltstadt S. 17/18, Klaus Biederstein Verlag, München 1958;

Walter Laufenberg, Spraydeutsch, aus: Die Stadt bin ich, Haude & Spenersche Verlagsbuchhandlung, Berlin 1985;

Hardy Worm, Mensch, wat is'n mit dir los? aus: Rund um den Alexanderplatz, ausgew. v. Wolfgang U. Schütte, Aufbau Verlag Berlin und Weimar 1981, © Erika Worm-Lehwald;

Heinz Knobloch, Mit Ruheort, aus: Berlins alte Mitte, Jaron Verlag Berlin 1996;

Renée Zucker, Die Schnauze; Die Bulette, aus: Ecke Friedrichstraße. Ansichten über Berlin, hrsg. v. Evelyn Roll, dtv München 1997;

Erich Kästner, Kleinstädtisches Berlin, aus: Literarische Publizistik aus der »Neuen Leipziger Zeitung« 1923–1933, Aufbau-Verlag Berlin und Weimar 1989, © Erich Kästner Erben, München;

Rainer Gustav Schmidt, Berliner Forsten, aus: Litfaß 6, 1977;

Wiglaf Droste, Die Panda-Peepshow, aus: Brot und Gürtelrosen, Edition TIAMAT Verlag Klaus Bittermann, Berlin 1995;

Hinark Husen, Frau Comunis singt, aus: Salbader 21, Karin Kramer Verlag Berlin 1997, © Hinark Husen;

Ferdinand Sauerbruch, So eene Visage, aus: »Das war mein Leben!«, S. 178–181, Kindler Verlag München 1951;

Bov Bjerg, Der Berliner, © Bov Bjerg;

Alfred Döblin, Kleine Alltagsgeschichte, aus: Erzählungen aus fünf Jahrzehnten, Walter Verlag Olten und Freiburg (Breisgau) 1979;

Gabriele Tergit, Die Luxusgroßmama, aus: Atem einer anderen Welt. Berliner Reportagen, hrsg. von Jens Brüning, Suhrkamp Verlag, Frankfurt a.M. 1994; © Jens Brüning;

Stéphane Roussel, Guter Rat, aus: Berliner Novellen, Rowohlt Verlag Reinbek bei Hamburg 1995;

Arnold Höllriegel, Berliner Tageblatt, 1929;

Gerd Rüdiger, Per se erhaltenswert, aus: Aufgetischt, be.bra Verlag Berlin 1996;

John Stave, Saure Äpfel, aus: Stube und Küche, Eulenspiegel Verlag;

Klaus Nothnagel, Winterschlußverkauf, © Klaus Nothnagel;

Dietmar Wischmeyer, Urbi et Orbi, Spiritus Sanctus und 'ne Dose Pinselreiniger, aus: Eine Reise durch das Land der Bekloppten und Bescheuerten, Ullstein Buchverlage GmbH Berlin 1997;

Horst Evers, Muller, © Horst Evers.

ISBN 3-359-00928-2

1. Auflage

Rosa-Luxemburg-Str. 16, 10178 Berlin
Umschlagentwurf: Barbara Henniger
Druck und Bindung:
Fuldaer Verlagsanstalt GmbH